REISEFÜHRER

FEHMARN

PARADIES FÜR SURFER UND CAMPER

Nicoletta Adams | Ottmar Heinze

FEHMARN

PARADIES FÜR SURFER UND CAMPER

Fotos: Nicoletta Adams (Seite 31r, 57, 76, 77, 87, 94o, 105, 135); Mike Henschel (Seite 97); erkollenberg (Seite 80, 96, 97o); Wikipedia, Ansgar Koreng (Seite 58), gemeinfrei (Seite 115)
Alle anderen Fotos stammen von Ottmar Heinze.

Karte: Kartographiestudio | Jochen Fischer

Coverabbildungen: Blick vom Turm der Ostsee Erlebniswelt (groß),
Steilküste bei Staberhuk (l), Seebrücke von Großenbrode
Rückseite: Surfer vor Burgtiefe

Der Fotograf Ottmar Heinze bedankt sich beim Tourismus-Service Fehmarn/Marketing für die gute Unterstützung.

Ein Gesamtverzeichnis der lieferbaren Titel schicken wir Ihnen gerne zu.
Bitte senden Sie eine E-Mail mit Ihrer Adresse an:
vertrieb@koehler-books.de
Sie finden uns auch im Internet unter: www.koehler-books.de

Bibliografische Information der Deutschen Nationalbibliothek
Die Deutsche Nationalbibliothek verzeichnet diese Publikation in der Deutschen Nationalbibliografie; detaillierte bibliografische Daten sind im Internet über http://dnb.d-nb.de abrufbar.

ISBN 978-3-7822-1328-8

Layout: Inge Mellenthin
Cover: Anita Böning

Printed in Europe

Markelsdorfer Huk
Nördlicher
Salzensee
NSG Nördliche Seeniederung
Binnen-
see
Teichhof
Wester-markelsdorf
Altenteil
Wenkendorf
Fastensee
NSG Nördliche Seeniederung
Dänschen-dorf
Gammen-dorf
Schlagsdorf
Bojendorf
Wallnau
Vadersdorf
Petersdorf
NSG Wallnau
Kopendorf
Mühlenteich
Neuer Teich
Püttseer Teich
Lemkendorf
Bisdorf
Püttsee
Sulsdorf
Gollendorf
Bellevue
Altjellings-dorf
Sartjen-dorf
Flügge
Flügger Watt
Sulsdorfer Wiek
Gollendorfer Wiek
Lemkenhafen
Neujellings-dorf
Land-kirchen
Orth
NSG Krummsteert-Sulsdorfer Wiek
Lemkenhafener Wiek
Westerberg
Teschen-dorf
Orther Reede
Warder
Krummsteert
Albertsdorf
Gold
Strukkamp
Strukkamphuk
Strukkamphuk
Fehmarn-sund
Fehmarnsundbrücke
Fehmarn-sund
B207

0 1 2 km

O s t s e e

ner
Grüner
rink
Brink
Blanken-
wisch
mensiek
Puttgarden
Fähr-
hafen
Johannis-
berg
Ohlenborgs Huk
Marienleuchte
B207
ndorf
Presen
Hinrichsdorf
Bannesdorf
Klingenberg
15 m
Klausdorf
ter-
rkelsdorf
Niendorf
Gahlendorf
BURG
auf Fehmarn
Katharinenhof
Vitzdorf
Stein-
kiste
Burgstaaken
Sahrens-
dorf
Meeschen-
dorf
Hinrichsberg
28 m
Neue Tiefe
Burger
Binnensee
Sahrensdorfer
Binnensee
Staberdorf
Burgtiefe
Staberhof
Wulfener
Hals
Staberhuk

FEHMARN – DER »KNUUST« ODER DER SECHSTE KONTINENT

FEHMARN STELLT SICH VOR

Hat man die unverwechselbare Fehmarnsundbrücke gesichtet, rückt Schleswig-Holsteins einzige Ostseeinsel schon in greifbare Nähe – der Urlaub beginnt.
Jeder Küstenabschnitt der Insel hat seinen eigenen, besonderen Reiz. Auf der 78 km langen Küstenlinie wechseln sich Naturstrände, Ausgleichsküsten mit Binnenseen, feinsandige, erschlossene Strände und Steilküsten ab. Der **Norden** am Fehmarnbelt besitzt eine einmalige Dünenlandschaft mit etlichen großen und kleinen Strandseen, inzwischen ohne Verbindung zur Ostsee. Der Strand ist dort durch die Deiche vom Hinterland getrennt. Zwei Naturschutzgebiete nehmen ein gutes Stück der Nordküste ein und laden Naturinteressierte zu Erkundungsspaziergängen ein. Im **Osten**

dominiert eine bis 15 m hohe Steilküste mit den idyllischsten und ursprünglichsten Stränden der Insel. Sandbänke im Meer garantieren den Schwimmern einen guten »Haltepunkt«. Der **Süden** gehört zu einem der wenigen reinen Südstrände an der Ostsee und verspricht den feinsandigsten Strand und Sonne satt. Dort zieht es die Besucher mindestens einmal während des Urlaubs hin, um »Strandleben pur« zu genießen. Ebenso liegen an der Südküste alle Segel- und Fischerhäfen und die größten Wassersportreviere. Der windreiche **Westen** bietet ruhige, überwiegend »steinreiche« Naturstrände, die zu Entdeckungstouren einladen. Ein großer Teil der Westküste ist als Brutgebiet für unzählige Wasservogelarten und seltene Pflanzen reserviert und steht daher unter Naturschutz.

Es gibt keine großen Entfernungen auf der Insel jenseits des 1.200 m breiten Fehmarnsunds. Die E 47 wird auch Vogelfluglinie genannt, weil Zugvogelschwärme aus Nordeuropa jedes Jahr diesen Weg in den Süden nehmen und wieder zurück. Sie verbindet Hamburg mit Kopenhagen und teilt die Insel in eine Nordwesthälfte und eine kleinere Südosthälfte. Bis Ende 2002 war Fehmarn aufgeteilt in die Gemeinden Westfehmarn, Landkirchen und Bannesdorf mit insgesamt 42 Dörfern sowie die Stadt Burg. Nach einer beispielgebenden Kommunalreform wird die ganze Insel heute als Stadt Fehmarn verwaltet, unter einem Bürgermeister.

Man fühlt sich auf den 185 Quadratkilometern durch die weiten, offenen Flächen nie eingeengt, verliert daher auch nie den Überblick und die Orientierung. Der Spruch der Fehmaraner »Die Insel ist so flach, dass man am Mittwoch schon den Sonnabend

sehen kann« beschreibt die Landschaft absolut treffend! Die höchste Erhebung misst 26 m – mit anderen Worten Fehmarn ist platt wie ein Pfannkuchen.

URLAUBSSPASS AN LAND UND ZU WASSER

Wegen der fehlenden Höhenmeter ist selbst für Ungeübte jedes Ziel bequem mit dem Fahrrad zu erreichen. Mehr als 300 km **Radwege** führen durch die weite Insellandschaft und erleichtern das Fortkommen. Der »Ostseeküsten-Radweg« umrundet die

Insel, und der »Mönchsweg« führt von Großenbrode über Landkirchen, Burg und Bannesdorf bis nach Puttgarden. Servicestationen der »Bike-Friends Fehmarn« machen das Radfahren noch unkomplizierter. Dort gibt es nicht nur Hilfe für das Fahrrad und E-Bike-Ladestationen, sondern auch an das leibliche Wohl ist gedacht (eine Liste der angeschlossenen Einrichtungen gibt es unter www.fehmarn.de, Fehmarn aktiv erkunden). An Land warten **Reiterhöfe** (www.urlaub.reiten-auf-fehmarn.de), ein landschaftlich schöner **18-Loch-Golfplatz** direkt am Burger Binnensee (www.golfpark-fehmarn.de) und eine **Boule-Bahn** im Stadtpark (www.boulefreundefehmarn.de, Kugeln gibt es in der Bibliothek) auf Mitstreiter.

Gezeiten sind auf Fehmarn kaum spürbar, das Wasser ist also immer da. Allerdings gibt es unterschiedliche Strömungen, auf die Schwimmer achten müssen, die jedoch gerade bei den **Wassersportlern** sehr beliebt sind. Dazu kommen die idealen Windbedingungen, die vor allem Segler, Surfer und Kiter (die Wassersportart Nr. 1 auf Fehmarn) so schätzen – an einer der Küsten weht immer ein günstiger Wind.

Übungsgebiete gibt es für Anfänger und Profis, von seichten Buchten bis zur offenen Ostsee mit Brandungswellen und starken Winden. Viele Wettbewerbe in den unterschiedlichsten Disziplinen werden über das Jahr ausgetragen.
Die Ostsee bietet den **Anglern**, die auf Dorsch, Plattfisch und Meerforelle aus sind, ein gutes Revier und lässt **Taucher** die Schönheit der Unterwasserwelt in Seegraswiesen, Muschelbänken oder an Wracks bestaunen (www.tauchen-suedstrand.de, auch Schnupperkurse). Für eine Insel recht ungewöhnlich bietet sie **Badespaß** entlang der ganzen Küstenlinie. Alles in allem sind das die besten Voraussetzungen für Entspannung, Erholung und Abenteuer.

SONNE SATT – (FAST) GARANTIERT

Über das Jahr scheint die Sonne im Durchschnitt über fünf Stunden am Tag. Daher zählt die Insel zu einer der sonnenreichsten und regenärmsten Regionen in Deutschland. Im Mittel ist es etwa ein Grad wärmer als auf dem Festland. Selbst wenn sich dort bedrohliche Wolken auftürmen, behält auf Fehmarn meist die Sonne die Oberhand.

Die Insel liegt im Windschatten der Holsteinischen Schweiz und besonders des bis 168 m hohen Bungsberg-Gebietes. So haben sich die atlantischen Tiefdruckgebiete aus Westen bereits abgeregnet, bevor sie über Fehmarn weiterziehen. Das Frühjahr kommt zwar etwas später durch die umgebende, noch kühle Ostsee, dafür gibt es dank dem nur langsam abkühlenden Ostseewasser einen länger anhaltenden sonnigen Herbst mit milden Temperaturen.

GESCHICHTE EINER BAUERNINSEL

VOM MEER UMGEBEN

Jahrhundertelang war Fehmarn nur über den Seeweg erreichbar und witterungsbedingt teils über längere Zeit vom Festland abgeschnitten. Diese Abgeschiedenheit hat die Insel selbst und deren Bewohner geprägt. Das symbolisiert bereits die Fahne, die ihnen 1581 vom dänischen König Christian II. als Friedenssymbol verliehen wurde – Blau mit einer Krone in der Mitte. Fehmarn wird als eine besondere Insel inmitten der blauen Ostsee dargestellt, oder wie es schon Waldemar IV. 1358 gesagt haben soll: »Fehmarn – Edelstein des Meeres«.

Die Fehmaraner Bauern waren niemals Leibeigene gewesen und daher immer recht selbstbewusst, denn der Adel konnte sich dort nicht etablieren. Das hatte schon früh dazu geführt, dass die Bewohner ihre Insel als etwas Eigenständiges betrachteten und sie gerne als den **Sechsten Kontinent** bezeichneten. Sie war schließlich durch den Sund vom übrigen Europa getrennt. Der Ausspruch bei einem Besuch aufs Festland »wi fährt na Europa« (wir fahren nach Europa) war durchaus üblich und oft gebraucht.

Häufig hört oder liest man die Bezeichnung **Knuust** für die Insel. Sie wird eher augenzwinkernd verwendet: In seiner Form erinnert Fehmarn an die Enden eines Brotlaibes, also den Knust, und der ist bekanntlich das beste Stück!

FREIHEIT IST DAS HÖCHSTE GUT

Ihre freie Lebensart mussten sich die Fehmaraner immer wieder schwer erkämpfen. Um 400 n. Chr. besiedelten zu-

Nikolai-Kirche in Burg

nächst die slawischen Wagrier die Insel (slawisch *ve morje* = im Meer) und bauten 400 Jahre später hier die ersten Burgen. Inmitten der Ost-West-Passage durch die Ostsee war Fehmarn wie geschaffen als Versteck für Piraten. Daraus zogen einige ihren Nutzen, sodass die Insel bald als Piratennest verschrien war, wie Adam von Bremen schon 1076 erwähnte. Im Zuge der Christianisierung wurden die Slawen von Dänen und Holsteinern vertrieben, und überall auf der Insel entstanden Kirchenbauten.

In der Folgezeit kämpften immer wieder dänische Könige und Holsteiner Grafen um die Herrschaft, bis im Jahr 1420 der Dänenkönig Erich der Pommer Fehmarn einnahm und einen Großteil der Einheimischen tötete. Es ist aber wohl nur eine Legende, dass damals nur drei Fehmaraner übrig geblieben sind: ein Mackeprang, ein Rauert, ein Witte. Das **Fehmarnsche Memorial**, eine Sandsteintafel an der östlichen Außenwand der Nikolai-Kirche in Burg, erzählt in gotischen Buchstaben von dieser Gräueltat.

Während des Dreißigjährigen Krieges stand Fehmarn noch einmal vor der völligen Vernichtung. Nach einem Seegefecht mit den Dänen im Jahr 1644 landeten die Schweden in der Nähe von Puttgarden und bedrohten die Insel. Durch den Einsatz des Dänenkönigs Christian IV., der mit dem Flaggschiff Trefoldighed (»Dreifaltigkeit«) gegen die Schweden anging, konnte eine Eroberung verhindert werden.

Das 18. Jh. brachte den Fehmaranern ihre Eigenständigkeit zurück. Dies wird in einer der spannendsten Geschichten dokumentiert, dem »Uln Utfegen« (Eulen ausfegen): 1735 legten die Bewohner Baron Friedrich Wilhelm von Hertzberg, einem Amtmann der dänischen Regierung, eine Klage mit 964 Unterschriften vor. In ihr wurden mehrere Kämmerer und Kirchspielrichter beschuldigt, landwirtschaftliche Gelder unterschlagen und dreiste Vetternwirtschaft betrieben zu haben. Der Amtmann ließ daraufhin die Angeklagten verhaften und zwölf neue Kirchspielvertreter einsetzen. Als Ergebnis brach neuer Wohlstand aus, sodass diese Zeit als »Vollbukstid (Vollbauchzeit) in die Annalen einging. Im 19. Jh. klärten sich die Machtverhältnisse auf Fehmarn endgültig zugunsten der Deutschen. Die Preußen unter Hauptmann Xaver von Mellenthin kamen im März 1864 in einer Nacht-und-Nebel-Aktion über den Sund und überrumpelten die dänischen Besatzer (s. S. 121 f., Fischer Stüben). Nach dem Zweiten Weltkrieg gab es noch einmal eine Zeit des Zitterns. Die damalige Sowjetunion hatte ein Auge auf die Insel geworfen und wollte sie als sowjetische Besatzungszone beschlagnahmen. Es war nur den zähen Verhandlungen des Engländers Lord William Strang of Stonesfield zu verdanken, dass die Demarkationslinie der Sowjetunion dann doch östlich von Fehmarn gezogen wurde. Nachzulesen ist dies auf einer Bronzetafel am Fehmarn-Museum.

BAUERNINSEL DURCH UND DURCH

Der fruchtbare »Fehmarner Schwarzerdeboden« trug dazu bei, dass ein wohlhabendes Großbauerntum entstand. Jeder Bauernhof besaß mehrere Scheunen, um die reiche Ernte unterbringen zu können. Den Ertrag erwirtschafteten ausschließlich die Bauern, da sie nur direkt dem Landesherrn zur Abgabe verpflichtet waren. Eine herzogliche Verordnung von 1617 *(confirmatio libertatis)* untersagte den Bodenverkauf an Adlige. Es hatte sich eine sogenannte Allgemeinbewirtschaftung entwickelt, bei der die Bauern die Felder gemeinsam bewirtschafteten und abernteten.

Über 150 Jahre später (1770) kam es zum Erlass der Verkoppelungsordnung, nach der jeder Bauer sein eigenes Land zugesprochen bekam. Aus dieser Zeit stammen die alten Grenzsteine, sogenannte **Dodelsteine**, von denen man einen gut erhaltenen in Albertsdorf sehen kann. Der ertragreiche Boden hat die Insel seit eh und je reich gemacht, sodass bis heute die Landwirtschaft eine wichtige Existenzgrundlage ist. Die klassische Viehhaltung wurde inzwischen abgeschafft, d. h., es wird überwiegend Raps, Mais und Getreide angebaut. Die heutzutage weit verbreitete Kombination von Landwirtschaft und Tourismus ist eine ideale Verbindung für die Landwirte. Viele Bauernhöfe haben in ihren Gebäuden Platz für Feriengäste gemacht oder eine leerstehende Scheune in ein Café gewandelt. Daraus hat sich eine wahre Tortenkultur entwickelt: Jedes Hofcafé bietet seine eigene, hausgemachte Spezialität an.

EINE NEUE ÄRA NACH 100-JÄHRIGER PLANUNG

Bereits in den 60er-Jahren des 19. Jhs. hatte ein Ingenieur die Vision einer durchgehenden Zugverbindung zwischen Hamburg und Kopenhagen. Doch Konflikte, Kriegswirren und Wirtschaftskrisen machten eine Umsetzung lange Zeit unmöglich. Im Frühjahr 1963 war es dann endlich soweit: Die **Fehmarnsundbrücke** überspannte in 23 Meter Höhe den 1.200 m breiten Sund, der bis dahin nur mittels Fähren überwunden werden konnte. Der äußerst ästhetische Bau war damals eine technische Meisterleistung: eine Netzwerkbogenbrücke, bei der zwei riesige Bügel mit einem rautenförmigen Stahlnetz die Fahrfläche halten. Zwei Fahrbahnen, ein Radweg und eine eingleisige Eisenbahnstrecke finden darauf Platz. Fehmarn war von nun an mit dem Rest des Kontinents verbunden und konnte das ganze Jahr über uneingeschränkt erreicht werden.

Die Brücke als Verlängerung der Bundesstraße 207 ist Sache des Bundes. Die Fehmaraner – und ein Großteil aller Schleswig-Holsteiner – machten sich jedoch dafür stark, dass nicht nur eine gerade Verbindung zwischen Insel und Festland gebaut wurde, sondern eine Brücke mit Charakter. So übernahm das Land Schleswig-Holstein die zusätzlichen Kosten. Es entstand eine eigenwillige und unverwechselbare Brücke, die heute unter Denkmalschutz steht und liebevoll »Kleiderbügel« genannt wird. Sollte es zur festen Beltquerung kommen (s. S. 63), wird dieses schöne Charakteristikum Fehmarns weichen müssen.

Trotz des Brückenbaus hat Fehmarn das Flair einer Insel bewahrt, mit all seinen Eigenheiten und Besonderheiten. Viele Dörfer konnten ihre alte Struktur erhalten, vor allem die typischen Dorfteiche, auf Fehmarn **Soll** genannt, die einst als Viehtränke, Waschplatz und Feuerlöschteich genutzt wurden. Sie gehören heute zu den idyllischsten Plätzen vieler Ortschaften.

BURG – INSELMETROPOLE

Hat man den »Kleiderbügel« überquert, gelangt man fast automatisch in die Inselhauptstadt. Die namensgebende Burg *»Borch uppe Vemeren«* ist längst verschwunden und zeigt sich nur noch im Wappen der Stadt Fehmarn. Damals lag ein Hafen direkt am Marktplatz von Burg. Er versandete jedoch im Laufe der Jahrhunderte und wurde in den Süden verlegt, nach Burgstaaken.

Heute hat der lebendige Ort mit den interessanten Museen und der mächtigen Kirche das sympathische Flair einer gemütlichen Einkaufsstadt. Dies spürt man besonders mittwochs, wenn sich der bunte **Wochenmarkt** auf dem Markplatz aufstellt. Dort bieten die Landwirte aus dem Umland ihre Erzeugnisse an, und dort werden etwa die Produkte der **Fehmaraner Küstenmanufaktur** verkauft: Suppen, Pestos, Chutneys, Gewürzmischungen und Marmeladen/Gelees, wie die ungewöhnliche Sorte »Strandrosenblüte«, sind ein wohlschmeckendes und gesundes Andenken an die Insel, da sie keine Konservierungsstoffe enthalten. Einige der Produkte gibt es auch in den Supermärkten auf Fehmarn, in Heiligenhafen oder Großenbrode. Industriestr. 16, Fr. 10–12 Uhr, Tel. 04371/87200, www.küstenmanufaktur.de

Das ursprüngliche Burg mit Fachwerkhäusern, kopfsteingepflasterten Gassen und der von knorrigen Bäumen gesäumten Hauptstraße erlebt man am besten morgens, wenn die Straßen noch fast leer sind. Sehr malerisch sind die Häuser Nr. 49–53 der Breiten Straße. Sie stammen aus dem 16. und 17. Jh. und waren früher von wohlhabenden Bürgern und Bauernaltenteilern bewohnt. Ein Blick nach oben zu den Giebeln mancher Häuser lässt eine gewisse Wohlhabenheit erkennen. Die Giebelvorsätze sind durch Verzierungen aus verschiedenen Stilepochen besonders hervorgehoben. Beim Bummel durch die Gassen entdeckt man auch an den niedrigeren Häusern hübsche Erker und Hauseingänge mit besonders reizvollen Türen.

Leuchtend roter Backstein, filigranes Fachwerk sowie Erker und Türmchen schmücken das **Rathaus** von 1901 auf dem Marktplatz und erinnern

ein wenig an ein Jugendstilbild. Einst war es Sitz der Polizei mit eigenen Gefängniszellen, und bis heute ist es der Wirkungsbereich des Bürgermeisters. In den ehemaligen Arrestzellen im Untergeschoss (Eingang vom Marktplatz aus) befindet sich eine sehenswerte **Naturkunde-Ausstellung**, die über die Entstehung der Insel und die Auswirkungen der Eiszeit informiert – übersichtlich nach Erdzeitalter geordnet. Dort gibt es auch die Möglichkeit, **Bernsteinschmuck** selbst herzustellen. Apr.–Okt., Di. 10–12, Mo., Do./Fr. 14–16 Uhr, Material ab 3 €

Ein Besuch im **Burger Filmtheater** sollte unbedingt eingeplant werden. Das Verzehrkino mit den roten, dick gepolsterten Sitzen und den nostalgischen Lampen ist ein klassisches Kuschelkino im Stil der 1970er-Jahre. Auf Knopfdruck bekommt man eine Erfrischung oder einen Snack an den Platz gebracht. Auf die neuste Technik, auch in 3-D, muss man selbstverständlich nicht verzichten. www.burgfilmtheater.de

FEHMARN-MUSEUM – GESCHICHTE ZUM STAUNEN

Es könnte nicht besser passen: Das Geschichtsmuseum ist im ältesten Haus von Fehmarn aus dem Jahr 1581 untergebracht. Das einstige Postgebäude und das anschließende, etwas windschiefe Predigerwitwenhaus laden in 23 verwinkelte Zimmer ein. Historische Dokumente und Urkunden sowie Dinge des täglichen Gebrauchs in Haus und Hof, verschiedene Gerätschaften aus den Gewerken oder Funde aus der archäologischen Vergangenheit von der Jungsteinzeit bis ins 20. Jh. veranschaulichen die Geschichte der Insel. Große Teile der Sammlung hat der Heimatforscher Peter Wiepert (1890–1980) über Jahre hinweg zusammengetragen. Immer wieder staunt man über unbekannte Dinge, wie etwa den riesigen Steintrog zum Zerkleinern des Hutzuckers oder die »Schriens«, wunderschön bemalte Haubenschachteln, die oft zur Mitgift einer Braut gehörten.

Ungewöhnlich und sicher einmalig ist die Abteilung über die alten Bräuche ganz oben unter dem Dach. Dort erfährt man etwas über die Erntehelfer und Wanderarbeiter, die sich selbst *Könige der Welt* oder *Ritter der Landstraße* bzw. **Monarchen und Rosalinden** nannten. Sie kamen zwischen 1870 und dem Ersten Weltkrieg aus ganz Deutschland zur Erntezeit nach Fehmarn. Meist blieben sie unter sich und bildeten eine eigene Gruppe, die sich durch Zinken (Zeichen) an den Höfen verständigte. Diese Zeichen aus kleinen Ähren, Stroh, Steinen oder Holzstücken gaben Auskunft über die Verpflegung, die Zahlungsweise sowie die Eigenarten des

jeweiligen Hofbesitzers und Arbeitgebers. Ein Blatt mit solchen Zeichen ist ausgestellt. Die Abteilung »Aberglaube« nebenan löst leichte Schauer und Erstaunen aus. Zum Beispiel wurde ein dreieckiger Stein den Kindern in die Kleidung genäht, um ihnen das Schreien abzugewöhnen. Mit einem Glättstein (Gniedelstein) konnte man böse oder gute Gedanken mit in die Wäsche hineinbügeln.

Eine große Vitrine widmet sich dem niederdeutschen Lyriker **Klaus Groth** (1819–1899) und der Dichterin **Charlotte Niese** (1854–1935). Groth hatte sich aus Krankheitsgründen zu seinem Freund Leonhard Selle auf Fehmarn zurückgezogen und schrieb dort seine weithin bekannte Gedichtsammlung *Quickborn* (1853). Die holsteinische Heimatschriftstellerin Charlotte Niese wurde in Burg geboren und verlebte ihre Jugend beim Großvater im alten Pastorat. Sie schrieb sogenannte Mädchenromane sowie Romane und Novellen über ihre Heimatinsel mit historischem Hintergrund. Damit trat sie in die Fußstapfen der Burger Kinder- und Jugendbuchautorin **Amalie Schoppe** (1791–1858),

die nach dem Tod ihres Mannes als eine der wenigen Frauen durch den Verkauf ihrer Bücher ihre Familie ernähren konnte. Sie war mit Adelbert von Chamisso und Friedrich Hebbel befreundet. Breite Str. 49, Tel. 04371/6257, www.museum-fehmarn.de, Ostern und Juni–Okt. Di. – Sa. 11 – 16 Uhr, 2 €/3,50 €, Kinder bis 14. J. frei

Das zweitälteste Haus der Stadt ist übrigens das **Landhaus Kröger** von 1644 schräg gegenüber. Baron von Leesen schenkte es seinem Kutscher Kröger. Heute ist es ein Restaurant mit inseltypischem Essen. Breite Str. 10, ab 11.30 Uhr

WER WOHNT HIER, UND WEM GEHÖRT DAS?

Die Torbögen vieler Scheunen, Häuser und sogar Kirchen tragen grafische Ritzzeichen. Es sind die für Fehmarn typischen **Hausmarken**, die vor allem den Leseunkundigen mitteilen, wer der Besitzer des Gebäudes, der Scheune oder eines bestimmten Gegenstands ist. Es gab fast 1.800 solcher Zeichen, von einfachen geometrischen Formen bis hin zu wappenschildähnlichen Figuren. Oft waren die Anfangsbuchstaben der Besitzer mit eingeritzt. Man sieht sie sogar an Mühlen und besonders eindrucksvoll auf den Stuhlwangen in der St.-Nikolai-Kirche, auf den Betschemeln in der Landkirchener Kirche oder am Torbogen des Restaurants Aalhus gegenüber. Verwendung fanden sie ebenfalls als Siegel sowie Unterschrifts- und Wappenersatz oder als Brandzeichen auf dem Vieh. Hat man sie einmal gesehen, entdeckt man sie auf der ganzen Insel.

Eine der Hausmarken in der Nikolai-Kirche

ST.-NIKOLAI-KIRCHE – DIE BURGER KIRCHE IST DIE GRÖSSTE ...

Von den vier Kirchen Fehmarns heißt es: »Die Burger ist die größte, die Petersdorfer die höchste, die Landkirchner die feinste und die Bannesdorfer die kleinste.«

Die Burger St.-Nikolai-Kirche steht auf dem höchsten Punkt von Burg (14,5 m ü. NN) und ist das Wahrzeichen der Stadt. Sie stammt im Kern aus dem 13. Jh. und wurde im 15. und 16. Jh. stetig vergrößert. Das Fundament besteht aus gewaltigen Findlingen, auf denen Backsteine aufgemauert sind. Der mächtige Turm mit seinem geschweiften barocken Helm ist weit über die Insel sichtbar. Das Äußere der Kirche macht ihrem Namen als »die Größte« alle Ehre, im Innern jedoch wirkt sie durch die überspannenden Kreuzrippengewölbe eher gedrungen. Sie beeindruckt dennoch durch das lange, erstaunlich helle und freundliche Kirchenschiff. Zur Ausstattung gehört eine **Bronzetaufe** (1391) lübischer Herkunft, deren Fuß auf drei Löwen ruht. Sie sind ein Sinnbild von Kraft und Stärke, die der Täufling durch die Taufzeremonie erhält. Etwas abseits steht ein noch älteres Taufbecken (13. Jh.) aus gotländischem Kalkstein, dessen Form an einen Pokal erinnert. Der **Schnitzaltar** mit Reliefs von Passions- und Osterszenen aus dem späten 14. Jh. wird durch die großen Kirchenfenster hell erleuchtet – wie eine gewollte Inszenierung. Als Nebenaltar dient der **St.-Blasius-Flügelaltar** mit dem großen Baldachin. Er zeigt wundervoll geschnitzt, jedoch besonders drastisch das Martyrium des hl. Blasius. Deutlich angenehmer anzuschauen sind die spätgotische, zierliche Figur der **Madonna auf der Mondsichel** aus dem 16. Jh. sowie der kleine **Klappaltar** mit dem Kruzifix aus dem 14. Jh. Auf dessen Seitenflügeln stehen die Worte Christi am Kreuz in plattdeutscher Sprache. In die Wand des südöstlichen Seitenschiffes sind Nischen eingelassen, in denen zart geschnitzte **Holzfiguren** aus dem 15. und 16. Jh. stehen. Man sieht Maria Magdalena mit dem Salzgefäß, den Einsiedler Antonius, Maria mit besonders schönem Faltenwurf ihres

Gewandes oder den Apostel Johannes mit dem Kelch. Dreht man sich von dort wieder Richtung Kirchenschiff, fällt sofort der dekorative, gewaltige **Orgelprospekt** aus den 60er-Jahren des 17. Jh. ins Auge, der die gesamte Westwand in Turmbreite einnimmt. Bei jedem Besuch entdeckt man wieder neue Details. Ostern – Okt., Mo. – So. 10 – 16 Uhr
Um das »Geheimnis des Steinquaders« aus der Reihe »Das Geheimnis der Steine, Abenteuer Ostholstein« zu erkunden (eine Tafel im Kirchhof weist darauf hin), braucht es beim Umrunden der Kirche einen aufmerksamen Blick nach oben! Will man alle Geheimnisse auf der Insel aufspüren, findet man eine Karte im Touristikbüro oder unter www.abenteuer-ostholstein.de.

FÜR DIE KURZE PAUSE

Ein lauschiger Rückzugsort schräg gegenüber der Kirche ist die **Grünanlage** hinter dem Senator-Thomsen-Haus. Dort laden Bänke zum Verschnaufen ein, und der Spielplatz sorgt für ausgleichende Bewegung nach einem ausgiebigen »Seh-Programm«. Das **Fehmaraner Tee & Kaffee Kontor**, gleich nebenan in der Ostertwiete, bietet abseits vom

Trubel u. a. Früchte-, Kräuter- oder Rooibostee bzw. frisch gerösteten Kaffee sowie Kuchen und Torten aus einheimischen Bäckereien an. Mit Blick auf vorbeieilende Passanten lässt es sich äußerst gemütlich sitzen. Ostern – Anfang Nov., Mo. – Sa. 11 – 17 Uhr, So. ab 12 Uhr, Nov. – Mitte Dez. nur Sa. und So., Selbstbedienung

KAPELLE ST. JÜRGEN

Das hübsche Kirchlein stand einst außerhalb der Stadtgrenze auf dem St.-Jürgen-Hof. Es diente als Aussätzigen- (Lepra-) und Pestkapelle mit angeschlossenem Siechenhaus. Das zugehörige Stift wurde bereits 1399 erwähnt, die Kapelle stammt vermutlich aus dem Jahr 1507. Ein deutlicher Hinweis auf eine spätere Restaurierung der Kapelle sind die kleinformatigeren Backsteine an der Westseite. Der Rest besteht aus Ziegeln im Klosterformat mit einer deutlich größeren Seitenlänge von bis zu 30 cm. Decke und Wände im Innern sind mit spätgotischen Malereien üppig geschmückt. Ein besonderer Blickpunkt ist die aus dem 15. Jh. stammende **St.-Jürgen-Gruppe**, niederdeutsch für den heiligen Georg. Der Heilige galt als

Drachentöter und Beschützer der Kranken und Siechen. Die naive hölzerne Darstellung des Drachens mit Hirschgeweih ist eher rührend als furchteinflößend. Davor kniet die gerettete Prinzessin Aja, die der Drache verschlingen wollte. Nicht zu übersehen ist das **Sakramentshaus** aus dem 13. Jh., eine übermannshohe Eichensäule mit Knospenkapitel zur Aufbewahrung der Hostien. Ehemals stand sie in der Pilgerkapelle »Peter und Paul« am Puttgardener Strand (s. S. 63). In den Gärten der Kapelle befand sich noch bis ins 17. Jh. ein sogenannter **Blutplatz**. Dort wurden Hinrichtungen ausgeführt und auch als Hexen verurteilte Frauen verbrannt und verscharrt. Die Hexenprozesse auf Fehmarn hatten ihren Höhepunkt unter dem Rechtsgelehrten Bernd Nobis, der innerhalb einer Woche zwölf Frauen auf den Scheiterhaufen brachte. Während der napoleonischen Kriege diente die Kapelle den dänischen Truppen auf Fehmarn teilweise als Pulverkammer oder Pferdestall. Diese Zeiten sind zum Glück vorbei, heute ist das sehenswerte Kirchlein sehr beliebt für Taufen und Hochzeiten. Bei diesen Gelegenheiten werden die beiden aus dem 16. Jh. stammenden Glocken noch von Hand geläutet. Kapellenweg 13, in der Saison tgl. 11–17 Uhr

ERNST LUDWIG KIRCHNER DOKUMENTATION

Der 1992 gegründete gleichnamige Verein sichert und dokumentiert die Spuren, die der expressionistische Maler auf der Insel hinterlassen hat und stellt die künstlerisch spannende Epoche dar, in der der Maler lebte. In der oberen Etage der Stadtbücherei zeigt die Ausstellung viele der auf Fehmarn entstandenen Werke des Künstlers als Reproduktionen in Originalgröße. Die Originale hängen inzwischen in den großen Museen der Welt. In der Bücherei ist eine Inselkarte erhältlich, auf der die Originalschauplätze aufgezeigt sind (s. S. 50). Bahnhofstr. 47, Tel. 04371/869590,

Mo.–Fr. 9.30–12 Uhr, 14.30–18.30 Uhr, Mittwochnachmittag geschlossen, Führungen Juli–Sept. So. 11.15 Uhr

Viele Gegenwartskünstler sind bis heute von den Motiven auf der Insel begeistert, wie etwa **Gerd R. Kirsch**. Der Maler lebt seit 40 Jahren auf Fehmarn und entdeckt bekannte Ansichten immer wieder neu und in unterschiedlichen Maltechniken. Besonders schön sind seine Kohlezeichnungen, die anschließend aquarelliert werden, mit original Ostseewasser! Seine großen Skulpturen sind teils auf der Insel aufgestellt, wie »Der Blick über den Deich« am Strand unterhalb des Alversteens.

Atelier Kirsch, Osterstr. 13, im Hof

MEERESZENTRUM FEHMARN

In teils beeindruckend großen Aquarien präsentiert sich die Tierwelt tropischer Küsten und ein Korallengarten mit bunten Korallenfischen. Nicht nur den allseits bekannten »Nemo«-Fisch (Anemonenfisch) kann man bestaunen, sondern auch giftige Vertreter wie den Rotfeuerfisch oder den Steinfisch. Dieser urig aussehende Fisch passt sich dem

felsigen Untergrund geschickt an und entlädt bei Kontakt ein Nervengift aus den Drüsen der Rückenflossenstacheln, das sogar für den Menschen tödlich sein kann. Das große Hai-Ozeanaquarium erlaubt eine Rundumbeobachtung der bis zu drei Meter langen Meeresräuber, etwa des Sandtigerhais oder des Schwarzspitzen-Riffhais. Beim Vorübergleiten blitzen die furchteinflößenden Zähne auf. In der Ausstellung erfährt man viele kuriose Einzelheiten über die Tiere, etwa dass die Zähne eines Hais sein Leben lang nachwachsen. In ihrem sogenannten Revolvergebiss liegen hinter jeder Zahnreihe weitere Reihen, die sich bei »Bedarf« nach vorne schieben oder sogar gleichzeitig genutzt werden. Ein Hai kann in seinem Leben also zwischen 1.000 und 10.000 Zähne verbrauchen. Die riesigen Rochen scheinen durch das Wasser des unterirdischen Rifftunnels zu schweben. Im »Vorbeiflug« erkennt man, dass Maul und Nasenlöcher an der flachen Unterseite liegen. Gertrudenthaler Str. 12, Tel. 04371/4416, www.mega-meereswelten.de, Juni–Aug. 10–19 Uhr, März–Mai, Sept.–Okt. 10–18 Uhr, Nov.–Feb. 10–16 Uhr, 7 €/11 €

SCHMETTERLINGSPARK

Man sollte sich Zeit nehmen. Die Halle ist zwar nicht sehr groß, aber um die Vielfalt und Unterschiedlichkeit der zarten Wesen in Ruhe zu beobachten, muss man Geduld mitbringen. Bei 24° bis 30° C und einer Luftfeuchtigkeit von 70 bis 80 % herrschen ideale Bedingungen für die tropischen Pflanzen, die den prächtigen Schmetterlingen ihren Lebensraum bieten. Vom größten Schmetterling der Welt, dem Atlasspinner

(250–300 mm Flügelspannweite), über den betörend blauen Himmelsfalter (FSW 95–120 mm) bis zum Fleck-Schillerfalter (FSW 34–36 mm), kornblumenblau mit weißen Streifen und Punkten, flattern im Verlauf eines Jahres bis zu tausend Exemplare in der großen Halle herum. Der Himmelsfalter gehört zu den wenigen Tieren, die sich ohne fremde Hilfe vor Ort vermehren, wie auch der Bananenfalter, dessen Raupen an den Bananenbäumen hängen. Die anderen Schmetterlinge werden aus Südostasien, Südamerika und Afrika als Puppen importiert, die sich in Brutkästen entwickeln. Weitere Bewohner dieses künstlichen Biotops sind vier grüne Leguane mit deutlichem Rückenkamm, Wasserschildkröten, Wachteln, Zebrafinken mit Zuchtformen (gelb und weiß) und Koi-Karpfen. Das Museum ist klein, aber fein und versetzt den Besucher in ferne tropische Länder, nicht nur wegen des feuchtwarmen Klimas.
Mummendorfer Weg 11 b, Tel. 04371/8893363, www.schmetterlingspark-fehmarn.de, April–Nov., tgl. 10.30–17.30 Uhr, 5,90 €/7,90 €, keine Kartenzahlung möglich

GALILEO WISSENSWELT – EXPERIMENTIEREN ERWÜNSCHT

Das interaktive Museum befasst sich mit Naturkunde und Technik. In der Abteilung »Technik & Logik« verwirren optische Täuschungen, oder es geht den Besuchern zum Thema Elektrizität ein Licht auf. Gefragt ist eine spielerische Auseinandersetzung mit einfachen und erstaunlichen Phänomenen aus Mathematik, Optik, Mechanik und Akustik. Der Bereich »Erde und Leben« bietet eine Reise zu den Anfängen des Lebens. Von kleineren Fossilien bis zu den Riesenskeletten von *Tyrannosaurus rex* und *Velociraptor* geht es zu den Eiszeitmenschen. Ein Vulkan mit seinen typischen Mineralien kann begangen werden, und man erprobt seinen Gleichgewichtssinn auf einem Erdbebensimulator mit unterschiedlichen Stärken, von etwa 5–7 auf der

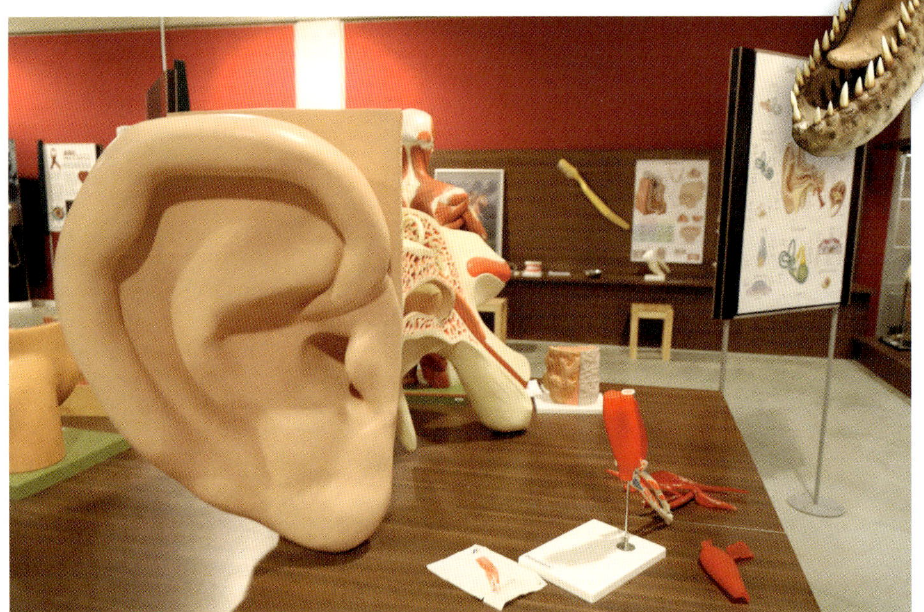

Richterskala, das von moderat bis stark eingestuft wird. Die Entwicklungsgeschichte der verschiedenen Tiergruppen, auch die des Menschen, werden anschaulich dargestellt. Welch einen winzigen Abschnitt auf der Zeitskala nimmt das Auftreten des Menschen ein! Beeindruckend ist ebenso der medizinische Fortschritt, dargestellt anhand historischer Instrumente und Präparate. Mummendorfer Weg 11 b, April–Okt. tgl. 10–18 Uhr, Sammelticket mit Überseemuseum und Dunkelexperiment 18 €, Einzelpreis pro Museum 11 €, auch hier wird nur Barzahlung akzeptiert

FUSSBALL UND GOLF – WIE GEHT DAS ZUSAMMEN?

Wer sich nach der vielen »Kopfarbeit« körperlich bewegen will, ist beim **Soccergolf** gleich nebenan richtig. Ziel ist es, wie beim Golf, auf 18 Bahnen den Fußball mit möglichst wenig Kicks an Hindernissen vorbei einzulochen. Dabei ist der Kofferraum eines VW-Käfers genauso zu treffen wie ein Traktorreifen oder ein Sandbunker – ein Vergnügen für die ganze Familie. Mummendorfer Weg 11 c, www.soccergolf-fehmarn.de,

Hauptsaison tgl. 10 – 18 Uhr, Herbst bis 17 Uhr, Di./Mi. geschlossen, in den Herbstferien wieder tgl. 10 – 16.30 Uhr, 7 €/9 €, keine Kartenzahlung möglich

CAFÉ LIEBEVOLL UND KULTURLABOR

In dem äußerst gemütlichen Café trifft Kaffeekultur auf künstlerische Darbietungen. Man hat die komfortable Wahl zwischen 14 leckeren, europäischen Frühstücksvariationen und wird mit hausgemachten Kuchen verwöhnt. Ein besonderer Clou, ab 17.30 Uhr gibt es den Käsekuchen vom Vortag gratis! Jeden Samstagabend wird das Café zur Bar, und es finden wechselnde kulturelle Veranstaltungen statt. Die ehemalige Backstube gibt dann Künstlern aller Sparten einen Raum für ihre Darstellungen.
Bahnhofstr. 17, www.kulturlabor.biz, Mo. – So. 9 – 18 Uhr

ERLEBNISHAFEN BURGSTAAKEN

Der Name Burgstaaken leitet sich von »Staaken« (Stockhaus, Gefängnis) ab, das noch um 1770 dort stand, wo bereits acht Jahre später ein Hafen erwähnt wird, der Bootshafen *»op Borchstaken«* mit einer Fährverbindung nach Dänemark. Mitte des 19. Jhs. begannen durch Begradigung und Vertiefung der Fahrrinne erste Schritte

zum Ausbau als Stadthafen. Geschützt durch den Burger Binnensee lagen Fischerei- und Handelsflotten nebeneinander, und bald fuhr die Eisenbahn bis an den Hafen. Mit dem Bau der Fehmarnsundbrücke endete diese Eisenbahnverbindung jedoch. Puttgarden wurde zum neuen, zentralen Bahnhof.

Heute hat sich aus dem traditionellen Kommunalhafen mit den riesigen Getreidesilos, der immer noch wirtschaftlich genutzt wird, zusätzlich ein beliebtes Ziel für die unterschiedlichsten Aktivitäten entwickelt. Das weitläufige Gelände bietet nicht nur Platz für das Anlanden der Fischerboote und der Ausflugskutter, sondern von hier aus stechen auch die Hochseeangelboote und die Kutter für das Schaufischen in See. Wassersportler und Freizeitkapitäne finden ungewöhnliche Sportangebote sowie alles für ihre Ausrüstung – ein besonderes Angebot halten die verschiedenen Bootsservice-Betriebe bereit. Museen wie das **Museum Übersee**, in dem man als Entdecker um die Erde reist, historischen Seefahrten nachspürt und traditionelles Handwerk verschiedener Kulturen entdeckt oder das **Dunkelexperiment**, das in die Welt der blinden Menschen eintaucht, warten auf die Besucher.

Daneben gibt es ein breit gefächertes kulinarisches Angebot, vom Fischbrötchen bis zur **Schauräucherei** (Burgstaaken 81, Tel. 04371/86010) und selbst gebackene Torten. Man sollte unbedingt in einem der Restaurants ein Dorschgericht bestellen, die Spezialität der

Insel. Der Kabeljau wird an der Ostsee, egal welchen Alters, Dorsch genannt. Er kann hier mit gutem Gewissen gegessen werden, da er nachhaltig gefischt wird. Für den Eigenbedarf gibt es frühmorgens fangfrischen Fisch direkt vom Kutter. Mehrmals im Jahr finden rund um das Hafenbecken ein **Fischmarkt** (So. 11–18 Uhr) sowie alle zwei Jahre ein **Hafenfest** statt. Neben den Ständen am Kai nehmen auch die Fischkutter teil, die Gäste zu Touren auf der Ostsee einladen.

Am Hafen macht eine Infotafel auf die Gefahr von **Plastikmüll** aufmerksam. Vor allem die Mikroplastikpartikel, die kleiner als 5 mm sind, werden schon von kleinsten Organismen aufgenommen und geraten so in die Nahrungskette bis hin zum Menschen. Im Projekt PlasM wird die Aufnahme der Partikel erforscht, um ein besseres Monitoring zu entwickeln und das Risiko der Aufnahme genauer einschätzen zu können.

ÜBER 150 JAHRE RETTUNG AUF SEE

Seit der Gründung der Deutschen Gesellschaft zur Rettung Schiffbrüchiger (DGzRS) im Jahr 1865 setzen mutige Frauen und Männer an 50 Stationen an Nord- und Ostsee ihr Leben für in Seenot Geratene ein. Wenn andere Schiffe Schutz im sicheren Hafen suchen, stechen die Boote der Seenotretter in See. Viele unvergessene Einsätze begleiten die Retter ihr Leben lang.

Nach einem großen Schiffsunglück ohne einen einzigen Überlebenden riefen Carl Kuhlmay und Adolph Bermpohl zur Gründung von Rettungsstationen an Nord- und Ostsee auf. Bereits 1861 folgte Georg Breusing in Emden dem Ruf. Der erste regionale Verein zur Rettung Schiffbrüchiger entstand, und viele weitere folgten. Der Bremer Redakteur Arwed Emminghaus initiierte maßgeblich den Zusammenschluss der einzelnen Vereine, bis es in Kiel zur Gründung des DGzRS kam. Der nach ihm

benannte legendäre **Seenotkreuzer Arwed Emminghaus** ist die Hauptattraktion am Hafen Burgstaaken. Fast 50 Jahre lang war der Kreuzer zunächst in der Ostsee, dann in der Nordsee beim isländischen Seenotrettungsdienst in Einsatz, ging 2007 an eine Privatperson aus Rostock und landete schließlich 2013 auf Fehmarn. Das Schiff ist auf und unter Deck ausgiebig zu erkunden und vermittelt eindrucksvolle Einblicke in das Leben der Seenotretter.

Im **Museum** gegenüber erfährt man viel Wissenswertes über Technik und Geschichte der Seenotrettung, u. a. anhand von Videos oder Filmsequenzen.

Burgstaaken 89, www.seenotrettungsmuseum-fehmarn.de, 15. März – 31. Okt. und in den Weihnachtsferien, tgl. ab 10 Uhr, 4 €/6 €

U-BOOT-MUSEUM »U 11«

Ein Koloss der besonderen Art ist am Hafenbecken aufgebockt. Es erinnert ein wenig an einen gestrandeten Wal: das U-Boot »U11«. Bis 1968 in Kiel gebaut, war es bis Mitte der 80er-Jahre als Küstenunterseeboot zum Schutz der Seewege und Küsten eingesetzt. Danach wurde das U-Boot, versehen mit einer zweiten starken Hülle, als Übungsziel eingesetzt. In 35 Jahren legte es 177.900 Seemeilen zurück, was einer achtmaligen Erdumrundung entspricht. Seit 2005 steht es nun an Land und lässt sich ausführlich erkunden. Bei der Besichtigung beeindruckt vor allem die Enge. Man möchte sich beim Probeliegen in den Mannschaftskojen gar nicht vorstellen, dass die Mannschaft wochenlang in dieser

»Konservendose« leben musste. Ein Blick in das Periskop, den Maschinenraum, den Motorblock und die Operationszentrale verdeutlicht das komplizierte Innenleben, bei dem alle »Rädchen« genau ineinandergreifen müssen. Das benachbarte **Museum** gibt Einblicke in die Arbeit der deutschen U-Boot-Flotte der Nachkriegszeit.

www.ostsee-u-boot.de, in der Saison tgl. 10 – 18 Uhr, sonst bis 16 Uhr, 4,50 €/6,80 €

MUSKELKRAFT UND KREATIVITÄT

Was eigentlich nur als Werbegag ins Leben gerufen wurde, entwickelte sich zu einer der beliebtesten Attraktionen auf der Insel: das **Silo-Climbing**. Auf 16 unterschiedlichen Kletterrouten von 5 bis 40 Höhenmetern gilt es, die drei stillgelegten Silotürme steil aufwärts zu erstürmen. 90 % der Klettermaxe sind zwar zwischen sechs und zwölf Jahren, aber es trauen sich natürlich auch alle anderen Altersgruppen an den Turm. Wer besonders ehrgeizig ist, nimmt es an der 40-Meter-Marke mit den Besten auf, die auf einer Liste geführt werden. Auf der Partneranlage wird man zu jeder Zeit von unten sicher gehalten, sodass man sogar seine Höhenangst überwinden kann. Das Climber Café verleitet zur Pause, mit Blick auf

die fleißige »Konkurrenz«. Im Hafen Burgstaaken, Tel. 04371/503102, www.silo-climbing.com, Hauptsaison tgl. ab 9.30 Uhr, sonst 9.30–14.30 Uhr, Winterpause, 1 Std. Klettern 7 €, Kletterausrüstung 6 €, Sicherungsausrüstung 3 €

Für alle, die nicht klettern wollen oder können, bietet die **Glas-Kreativ-Werkstatt** nebenan eine wunderbare Alternative. Jeder, ob groß oder klein, kann dort sein eigenes Glaskunstwerk gestalten. Unter den bestehenden Folien wählt man das Motiv, das nach dem Sandstrahlen auf einem Glas, einem Windlicht, einer Vase oder sogar einem gläsernen Türschild deutlich hervorgehoben ist. Unter Anleitung ist es ganz einfach, und das Ergebnis ist auf jeden Fall eine individuelle Besonderheit. Burgstaaken 50, neben dem Klettersilo www.glas-kreativ-werkstatt.de

Ein Spaziergang von etwa einer halben Stunde führt von Burgstaaken nach Burgtiefe immer am Ufer des **Burger Binnensees** entlang. Er verspricht Abwechslung und erfrischende Erholung mit idealer Sicht auf die bunten Segel der Surfer und die unter Naturschutz stehende **Kohlhof-Insel**, von den Fehmaranern Möweninsel genannt.

DER SÜDEN

BADEN BEI JEDEM WETTER – BURGTIEFE

Eigentlich ist Burgtiefe nur ein lang gestreckter Sandhaken, der sich vor den Burger Binnensee schiebt. Trotzdem oder gerade deswegen begann dort der Badebetrieb schon Mitte des 19. Jhs. Die Gäste nahmen u. a. beim Landwirt Mohns Quartier (s. S. 43). Seit 1974 darf sich der Ort Ostseeheilbad nennen. Beinahe genauso lang stehen auf der Promenade **Die Mädchen am Südstrand** (1975) von dem Bildhauer Karlheinz Goedtke. Vom Wind zerzaust blicken sie sehnsuchtsvoll aufs Meer und inzwischen vielleicht auf den gepflegten **Südstrand**, der lang und herrlich feinsandig ist und flach ins Meer übergeht. Das seichte Wasser ist ideal zum Planschen und Schwimmen lernen sowie zum Ausprobieren fast aller Wasser- und Strandsportarten. In der Hauptsaison ist der Wasserpark, ein Geschicklichkeitsparcours mitten auf der Ostsee, eine beliebte

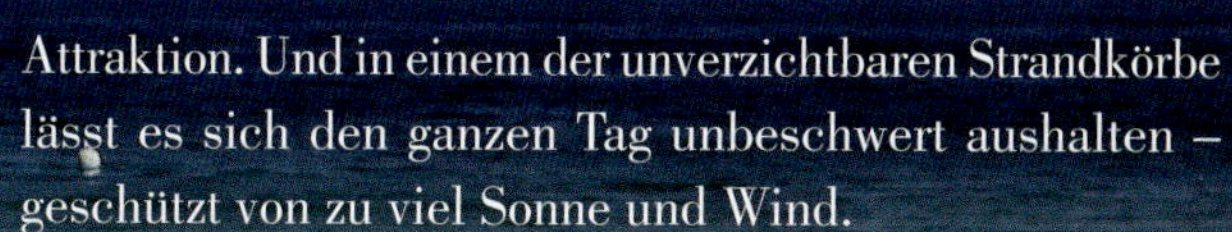

Attraktion. Und in einem der unverzichtbaren Strandkörbe lässt es sich den ganzen Tag unbeschwert aushalten – geschützt von zu viel Sonne und Wind.

Die schwungvoll gestaltete Promenade führt von der Westecke bis zum ehemaligen Rettungshäuschen, dem heutigen **Café Sorgenfrei** mit der großen Außenterrasse. Man sitzt an dem breitesten Strandabschnitt von Fehmarn, direkt an der Fahrrinne zu den Häfen Burgstaaken und Burgtiefe. Beim Bummel auf der Strandpromenade gibt es genug Möglichkeiten zur Einkehr, etwa im **Restaurant »Haus am Strand«**, das als einziges Gebäude am Südstrand der großen Sturmflut von 1872 standhielt.

Das Strandleben lässt bis in die Nacht hinein kaum Wünsche offen. Sollte es doch einmal regnen oder ein zu starker Wind den Strand nicht mehr verlockend machen, bietet das **FehMare** Badespaß auf drei Ebenen. Neben dem Meerwasserbecken mit den künstlichen Wellen gibt es einen Sauna- und Wellnessbereich, eine 70 m lange Röhrenrutsche sowie eine Slackline über dem Wasser. Von der Dachterrasse aus hat man einen weiten Blick über die Ostsee, deren Farbe von Türkisblau über ein intensives Grünblau bis zu fast Schwarz wechseln kann sowie auf die anbrandenden Wellen.
Südstrandpromenade, Tel. 04371/889960, Hauptsaison Mo.–So. 10–19 Uhr, Nebensaison Mo.–Fr. 13–20 Uhr, Sa./So. 10–19 Uhr, 3 Std. 6 €/13 €, inkl. Sauna und Wellness 10 €/17 €, nur Meerwasser-Wellenbad 5 €/6 €, www.fehmare.de, Restaurant und Bar im Haus

STRANDKORB UND BADEKARRE

Der Ursprung der **Strandkörbe** ist nicht ganz geklärt. Ähnliche Gebilde, wie hinten geschlossene Korbstühle, tauchen bereits auf Gemälden von Jacob Jordaens (1593–1678, »Wie die Alten sungen, …«) auf oder fast 200 Jahre später bei Johann Heinrich Wilhelm Tischbein (1751–1829, »Großvater im Korbstuhl«). In einem Buch von Ernst Freese (1871) gibt es Konstruktionszeichnungen für einen »Strandstuhl«, einen Stuhl mit Überdachung aus Weiden und Peddigrohr, der mit in Öl getränktem Leinen bespannt ist. Erst der Rostocker Hofkorbmachermeister Wilhelm Bartelmann machte die Strandkörbe berühmt: 1882 erhielt er von der rheumakranken Elfriede Maltzahn den Auftrag, einen »weichen Sitz« als Schutz gegen Sonne und Wind für ihre Warnemünder Sommerfrische anzufertigen. Die Körbe hatten bis dahin die Form von überdimensionalen Hauben. Zu Beginn des 20. Jhs. wurden Strandkörbe dann etwa so gebaut wie heute.

Im 18. und auch noch im 19. Jh. waren **Badekarren** unerlässlich, um »schicklich« ins Wasser zu gelangen. Erfunden wurden sie wohl in England, von wo aus sie bald an Europas Stränden auftauchten, so auch um 1800 in Travemünde. Man betrat in Straßenkleidung die Karre am Strand, die mit Pferden ins Wasser gezogen wurde. In der Karre konnte man sich umziehen, um sich dann von der hinteren Tür aus,

geschützt vor zu neugierigen Blicken, ins Wasser gleiten zu lassen. Der Zimmermann Hermann Mohns fertigte auf Fehmarn zunächst nur für den Amtmann Conrad Sarau eine Badekarre an. Als dann die Altertumsforscher zur Burg Glambek (s. S. 45) kamen, stellte er ab 1868 weitere Badekarren her, die er seinen Pensionsgästen zur Verfügung stellte bzw. sie für 15 Pfennig pro Tag vermietete.

DIE UMSTRITTENEN HOCHHÄUSER DES ARNE JACOBSEN

Die bis Anfang der 1970er-Jahre entstandene Kur- und Ferienanlage mit den drei charakteristischen Hochhäusern gehört inzwischen zu den Kulturdenkmälern des Landes Schleswig-Holstein. Sie sorgt jedoch bis heute für emotionsgeladene Diskussionen: Handelt es sich um eine typische Bausünde des »Betonzeitalters«, oder ist es der gut durchdachte Entwurf eines weltberühmten Architekten und Designers? Der Däne Arne Jacobsen (1902–1971) war als Funktionalist ein Pionier seiner Zeit. Er orientierte den Entwurf für Häuser und Gegenstände an ihrem Gebrauch und dem Material, getreu dem legendären Satz »form follows function« (die Form

passst sich der Funktion an), den Louis Sullivan 1896 formulierte. Jacobsen wurde in Kopenhagen geboren und begeisterte sich schon früh für die Malerei. Nach der Ausbildung zum Steinmetz schrieb er sich jedoch auf Wunsch des Vaters für das Studium der Architektur ein. Durch sein geschultes Auge für Form und Funktion avancierten vor allem seine Stühle »Drop«, »Ameise«, »Ei« und »Schwan« zu weltberühmten Designklassikern. Eine ideale Verbindung von Design und Architektur fand er in der Entwicklung des SAS Royal Hotels in Kopenhagen, bei dem der Entwurf des Gebäudes wie auch die gesamte Inneneinrichtung in seiner Hand lagen. Auf Fehmarn gelang ihm ein Gesamtkunstwerk mit an die Topografie angepassten Häusern unterschiedlicher Funktion. Der Architekt wollte Natur, Funktionalität und Bauwerk zusammenbringen. So war etwa sichergestellt, dass alle Fenster ausschließlich zur Ostsee hin ausgerichtet sind. Die Anzahl der Stockwerke der drei IFA-Hochhäuser war eigentlich auf vier Etagen begrenzt, wurde dann aber, der wachsenden Touristenzahl geschuldet, von dem Architekten Otto Westling auf 17 Stockwerke erhöht. Vom Wasser aus entwickeln die drei »Grazien« ihren eigenen, besonderen Charme. Wenn die Sonne sich in den Fenstern spiegelt und deutlich wird, dass die drehbaren Lamellen an der Balkonbrüstung jedem Gast entweder Durchblick oder Privatsphäre gewähren.
Der Gebäudekomplex auf der Burgtiefe ist ein Kulturerbe von baukünstlerischem Wert und ein Zeitdokument der skandinavischen Moderne, das nicht zuletzt eine charakteristische Landmarke für die Segler darstellt.

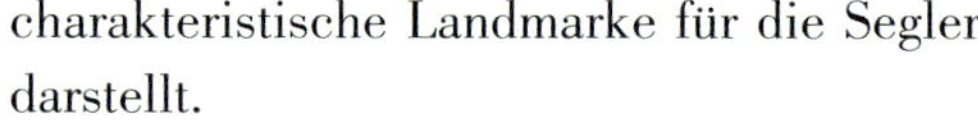

SURFLEGENDEN IM DOPPELPACK

Am großen Yachthafen Burgtiefe mit über 600 Liegeplätzen befindet sich die Kite- und Windsurfschule **Charchulla**. Die Surftwins, wie sich die Zwillinge Manfred und Jürgen selbst nennen, gehören zu den erfolgreichsten Pionieren der neuen Trendsportart. Im Jahr 1975 wurden sie weltbekannt, als sie in nur acht Stunden den Ärmelkanal auf ihrem Surf-Tandem überquerten. Im gleichen Jahr brachten sie das Surfen nach Fehmarn, nachdem sie schon zwei Jahre zuvor einen der ersten Surfshops der Welt in Bremen eröffnet hatten. Zwei Jahre später überwanden sie auf dem Skagerrak die 122 km zwischen Dänemark und Norwegen. Die Liebe zum Wasser hat die beiden Originale

nie losgelassen. Noch heute betreiben sie ihre zwei getrennten Surfschulen auf Fehmarn und sind in der Saison immer noch auf dem Surfbrett oder ihrem speziellen Tandembrett zu sehen. Sie waren die Ersten, die die Schulungen standardisiert und einen Schulverband gründet haben, inzwischen sind viele Lehrbücher von ihnen erschienen. Durch ihre Initiative hat sich der Standort Fehmarn zum besten Surf- und Kitespot in Europa entwickelt. Die Schule in Strukkamphuk ist besonders für Surfanfänger geeignet, da dort das nur knietiefe Wasser ideale Bedingungen bietet. Selbst wenn die Sonne schon untergegangen ist, bleiben die Charchullas aktiv. Dann betreiben sie eine **Karibikbar**, in der sie mit ihrer Band »The Steeltwins« auftreten. Ihr Traum vom neuen Surfmuseum wird sich demnächst vielleicht endlich erfüllen.
Surfschule, Ostern – Sept., Windsurfing- und Segelschule Jürgen Charchulla, Strukkamphuk, Tel. 0160/1789055, Windsurfing Manfred Charchulla + Beatrix Coppius, Strandallee 27, Tel. 0160/4586011 oder 04371/3400

RELIKT AUS DER VERGANGENHEIT

Etwas verborgen hinter der Promenade liegen die Reste der **Burg Glambek**. Sie sind nicht spektakulär, wirken im Gegenteil etwas verloren, und man muss schon viel Fantasie haben, darin eine wehrhafte Burg wiederzufinden. Dennoch stellen sie ein sichtbares Zeichen von Fehmarns bewegter Vergangenheit dar. König Waldemar

ließ die Festung 1210 zunächst als dänischen Vogtsitz bauen. Im Verlauf der Jahrhunderte war sie Sitz der Amtmänner und sogar Piratennest. Wallensteins Truppen zerstörten im Dreißigjährigen Krieg die baufällige und schon seit 1558 nicht mehr bewohnbare Burg endgültig, deren Reste allmählich unter dem Sand verschwanden. Die verfallenen Ecktürme wurden bei einer Sturmflut 1872 freigespült und 1908 wieder systematisch freigelegt. Es fanden sich Waffen, Münzen, Kämme, Ringe und Scherben verschiedener Gefäße sowie Knochenreste einst hier lebender Tiere wie Elch, Dammhirsch und Reh. Leider sind nicht viele Mauerreste erhalten, da die Steine im Laufe der Jahrhunderte als Baumaterial für neue Gebäude verwendet wurden.

WULFEN UND WULFENER BERG

Auf der gegenüberliegenden Seite des Burger Binnensees liegt die Ortschaft **Wulfen.** Das ehemalige Fischerdorf ist heute durch seine beiden Strandabschnitte, am Binnensee und an der Ostsee, äußerst beliebt bei Surfern, Kitern und Campern. Der **Wulfener Berg** ragt rund 18 Meter aus der Umgebung heraus. Es handelt sich

um eine eiszeitliche Form, einen sogenannten Drumlin (irisch = Hügelchen), der sich aus der flachen Grundmoränenlandschaft erhebt. Allerdings wurden die Kiese und Sande im Kern des »Berges« für den Bau der Vogelfluglinie entnommen, sodass sich die äußere Form deutlich verändert hat. Dort befand sich einst ein bedeutendes Gräberfeld mit sogenannten **Langbettgräbern**. Eines davon wurde rekonstruiert, und man bekommt einen Eindruck von der enormen Größe. Eine Infotafel gibt Auskunft über die Einzelheiten (s. auch S. 93). Von dort hat man eine tolle Aussicht auf den Binnensee und die bunten Segel der Surfer und Kiter.

DER SÜDOSTEN

LEUCHTTURM STABERHUK – GEMALT FÜR DIE EWIGKEIT

Leuchttürme sind nicht nur die schönsten, sondern auch die wichtigsten Wahrzeichen einer Insel. Auf Fehmarn gibt es gleich vier solcher Orientierungszeichen. Sie zeigen Untiefen und Riffe an, die umschifft werden müssen. Ähnlich wie die Kirchen sind auch sie mit einem Merkspruch belegt: Marienleuchte ist der älteste, Westermarkelsdorf der kälteste, Flügger der schlankste und Staberhuk der eleganteste (Leuchtturm).

Von der Kurpromenade Burgtiefe führt ein **Naturpfad** nach Osten durch die Primärdünen. Am Strand entlang läuft man bis zur naturbelassenen Ostküste und zum 23 m hohen Staberhuker Leuchtturm, der die äußerste Ostspitze der Insel und den östlichsten Punkt von Schleswig-Holstein markiert. Der »elegante« Turm ist in seiner Ausführung einzigartig. Er wurde im Jahr 1903 zunächst aus gelben Backsteinen aufgebaut, später dann die angegriffene Wetterseite im Westen durch neue, rote ersetzt. So ist er als einziger Leuchtturm zweifarbig. Seine leuchtend rote Laterne mit dem charakteristischen Windpfeil stammt vom Helgoländer Leuchtturm. Der wurde 1902 dort abgebaut und seine Laterne von der Nord- in die Ostsee gebracht. Heute wird das Leuchtfeuer von Travemünde aus gesteuert. Die Originalgürtellinsen von 1872 müssen jedoch immer noch regelmäßig von Hand gesäubert werden, damit das Licht gut zu sehen ist. Jeder Leuchtturm hat seine eigene Kennung, d. h. den Rhythmus, den die Lichtzeichen aufs Meer senden. Daran kann ein Kapitän Turm und Position zweifelsfrei identifizieren. Ernst-Friedrich Lüthmann war einer der Leuchtturmwärter zu Beginn des 20. Jhs. Bei ihm wohnte der Maler Ernst Ludwig Kirchner, der den charakteristischen Turm und die Steilküste auf mehreren Bildern verewigte (s. S. 51). Heute ist der Staberhuker Leuchtturm leider nur von außen zu betrachten, da das Gelände unter Denkmalschutz steht.

Im Nordwesten des Turms liegt das **Gut Staberhof** aus der Mitte des 18. Jhs. Das formschöne, ehemalige Kuhhaus mit dem geschweiften Barockgiebel hatte es schon dem Maler Kirchner angetan. Das Bemerkenswerte ist, dass die Scheune noch genauso erhalten ist, wie sie Kirchner schon vor fast 100 Jahren malte. Das Original des Bildes hängt in der Hamburger Kunsthalle. Von der Gutsanlage führt eine Silberpappelallee zum **Gutswald Staberholz**, dem einzigen größeren Wald auf Fehmarn. Beide Ausflugsziele sind nur zu Fuß oder mit dem Fahrrad zu erreichen.

ERNST LUDWIG KIRCHNER – DER MALER UND SEINE INSEL

Einen besonderen Reiz hat es, die Insel malend zu entdecken, wie das schon vor über 100 Jahren der studierte Architekt und autodidaktische Maler Ernst Ludwig Kirchner (1880–1938) machte.

Im Juni 1905 schloss sich Kirchner mit Karl Schmidt-Rottluff, Erich Heckel und Fritz Bleyl in Dresden zur Künstlergruppe »Brücke« zusammen. Ein Jahr später kamen Emil Nolde, Max Pechstein und Cuno Amiet dazu. Diese Zeit der Jahrhundertwende mit den starren Formen des Kaiserreichs und der zunehmend beherrschenden Industrie forderte die jungen Künstler heraus, einen Gegenpol dazu zu entwickeln. Die Suche nach neuen Ausdrucksformen war auch die Zeitenwende in der Malerei vom Impressionismus zum Expressionismus. Mit diesen neuen Ideen im Kopf fuhr Kirchner zusammen mit seiner Freundin, der Fotografin Emmi Frisch, 1908 zum ersten Mal nach Fehmarn und wohnte in Burg. Von diesem ersten Aufenthalt stammen

überwiegend Lithografien und Zeichnungen mit Motiven der Landschaft, der Dörfer und Bauernhäuser. Zwischen 1912 und 1914 verbrachte er mehrere Wochen auf der Insel in Begleitung von Erna Schilling, die er auch porträtierte. Die ehemalige Tänzerin aus einem Berliner Nachtclub blieb seine Lebensgefährtin und Freundin bis zu seinem Suizid im Jahr 1938.

Während des zweiten Aufenthalts auf Fehmarn wohnte Kirchner im Haus des Staberhuker Leuchtturmwärters Ernst-Friedrich Lüthmann. Dessen Töchter Dora und Frieda setzte der Maler oft als Modelle ein, wie auch den Leuchtturm und die Umgebung der Steilküste. Der Umgang mit Farbe wurde immer wichtiger, vor allem als »gelebte Einheit von Mensch und Natur«. So malte er Körper, die farblich mit der Natur verschmolzen. Als bevorzugte Farben in seinen Inselbildern verwendete Kirchner Ocker, Blau und Grün, die er als »Farben Fehmarns« bezeichnete.

Auf vier unterschiedlichen Touren, zu Fuß oder mit dem Rad, besteht die Möglichkeit, einigen Motiven aus den über 120 Gemälden des Malers zu begegnen. Es ist erstaunlich, dass manche seiner dargestellten Objekte heute noch eins zu eins zu sehen sind, so wie Kirchner sie sah und malte. Dazu gehören u. a. sein Lieblingsmotiv, der Leuchtturm Staberhuk genauso wie Gut Staberhof oder die St.-Nikolai-Kirche in

Burg. Dort scheint sich in über 100 Jahren, seit der Entstehung der Bilder, nichts verändert zu haben. Es macht Spaß, sich auf die Suche nach den »Vorbildern« zu machen. Auch in einigen der kleineren Orte sieht man sich den Motiven Kirchners gegenüber. Es bedarf jedoch einiger Fantasie, um eine Ähnlichkeit mit den Gemälden zu entdecken, da sich Bebauung und Bewuchs dort wesentlich geändert haben. So inspirierte Kirchner bei Vitzdorf eine Allee mit einem Haus im Hintergrund zu dem überwiegend in Grün gehaltenen Bild »Haus unter Bäumen«. Oder im Nachbarort Meeschendorf entstand die Lithografie »Fehmarndorf«. Kurz nachdem man nach rechts Richtung Ortsmitte fährt, stehen auf der linken Seite die reetgedeckten Bauernhäuser, die der Maler festgehalten hat.
Einer der schönsten Rad- und Wanderwege zwischen dem Leuchtturm Staberhuk und Katharinenhof ist nach dem Künstler benannt: der **Ernst-Ludwig-Kirchner-Weg**. Auf Schautafeln kann man Bild und Original vergleichen.

STEILKLIFF KATHARINENHOF

Das bis 15 m hohe, bewaldete Steilkliff ist nahezu naturbelassen und sehr urwüchsig. Nach Stürmen schlagen Wind und Wellen tiefe Kerben in die Wand. Die Hänge rutschen zum Teil ab und können dabei selbst Bäume mitreißen, die dann zusammen mit großem Geröll am Strand landen. Da ist mitunter ein wenig Klettern angesagt. Daher eignet sich dieser naturschöne Strandabschnitt weniger als Liegestrand denn vielmehr zum Stöbern und »Forschen«, aber auch zum Schauen und Ruhe tanken. Er zählt zu den idyllischsten Flecken Fehmarns, vor allem wenn die untergehende Sonne den Strand in warme, erdige Farben taucht. Im Steilhang haben viele Schwalben ihre Nester gebaut. An manchen Stellen wälzt sich bei starkem Regen ein etwa 50 Mio. Jahre alter (untereozäner) Ton der Fehmarn-Formation (Tarras- oder Londonton) als blaugrüner, leicht knetbarer Schlamm zum Strand hinab. Er wurde vom Gletschereis hochgeschoben und in den Geschiebemergel eingeschuppt. Der Ton enthält »pyritisierte« Fossilien (Muscheln, Schnecken, Ammoniten, Korallen, Seeliliensglieder u. v. m.), d. h., alle festen Bestandteile wurden von dem Mineral »Pyrit« (Schwefeleisenkies) ersetzt. Hat man ein solches Fossil gefunden, muss man den schnellen Zerfall beachten. Es sollte in einer Plastiktüte transportiert und einem Experten vorgelegt werden. In der Saison gehören geologische Wanderungen zum Veranstaltungsprogramm, während der man die ganze wunderbar unterschiedliche Palette an Gesteinen finden kann, die die Eiszeit von Skandinavien herantransportiert hat. Jeder Stein hat eine eigene Struktur und Farbe: graue und rote, grobkörnige **Granite**, vulkanisch entstandene dunkle oder weiß gepunktete **Basalte**, **Diabase** und **Porphyre** (vor allem in der roten Variante mit großen Einsprenglingen sehr attraktiv), gebänderte und gestreifte Metamorphite (Umwandlungsgesteine), wie **Gneise**, **Amphibolite** oder **Quarzite** und natürlich viele Sedimente (Ablagerungsgesteine). Darunter gibt es rote, grüne und graue **Sandsteine**, den charakteristischen Skolithos-Sandstein mit deutlich andersfarbigen Wurmröhren, **Kalke**, darunter Korallenkalke und die sogenannte **Ostseejade**, den Faserkalk, der sich leicht zu schönen Schmucksteinen schleifen lässt, und natürlich **Feuerstein** und ab und an auch **Bernstein** (s. S. 59).

Nach einem ausgiebigen Strandspaziergang lockt das **Allee-Café.** Es liegt in reizvoller Umgebung an einer Lindenallee unweit des Ostseeufers. Man sitzt in der Stube, der großen restaurierten Tenne oder im geschützten Hofgarten und genießt die leckeren selbst gebackenen Kuchen. Die ausgefallenen Windbeutelkreationen sind wirklich eine Besonderheit. Es gibt sie auch in herben Geschmacksrichtungen, etwa mit Lachs oder Schinken und Frischkäse. An den Wochenenden wartet ein reichhaltiges Frühstücksbuffet auf die Gäste. Im kleinen Hofladen bekommt man das Café-Backbuch mit den eigenen Rezepten von Anja Neumann. Katharinenhof 3, Tel. 04371/503838, www.alleecafe-katharinenhof.de, tgl. ab 11 Uhr, am Wochenende ab 8.30 Uhr, Nov. Fr., Sa. und So. 12–18 Uhr

BANNESDORF

Der Ortskern von Bannesdorf ist beschaulich geblieben, und man stößt immer wieder auf hübsche Ecken, etwa Häuser mit Rosenbüschen vor der Tür und reetgedeckten Dächern. Bekannt ist vor allem die hübsche Kirche.

ST.-JOHANNIS-KIRCHE – DIE BANNESDORFER IST DIE KLEINSTE ...

Die kleinste der vier Kirchen Fehmarns entstand wie die anderen Kirchen auch im 13. Jh. Die Nordwand stammt noch aus dieser Entstehungszeit und ist daher vollständig aus Feldsteinen aufgebaut. Die Erweiterungen erkennt man deutlich an der Ziegelbauweise. Der Glockenturm von 1701 besteht aus dunkel gebeiztem Holz mit spitzer Turmhaube. Beinahe sieht es so aus, als verstecke er sich hinter dem Kirchengebäude. Das gemütliche Kircheninnere wirkt

durch die eingezogene Holzbalkendecke etwas niedriger, als man von außen erwarten würde. Dadurch und durch das in Taubenblau gehaltene Gestühl fühlt man sich sofort geborgen und heimelig. Auffallend sind zunächst die drei **Barocklogen** in Rot, Blau und Grau, die sich nicht etwa der Adel zimmern ließ, sondern wohlhabende Bauernsippen, die damit ihre Stellung demonstrierten. Sie gelangten über einen separaten Eingang an der Nordseite der Kirche an ihren Platz. Im Altarraum hebt sich die graue romanische Kalksteintaufe schön gegen die roten Ziegel ab. Der mit Putten geschmückte **Rokokoaltar** ziert die Südwand der Kirche. Ebenso sehenswert sind die **spätgotischen Wandmalereien**, darunter die Darstellung der Gregorsmesse. Tel. 04371/3341, Mai–Erntedank Di.–Sa. 9–17 Uhr, So. 9–12 Uhr

NATURSTRAND AM ALTEN LEUCHTTURM

Der nächstgelegene Sandstrand beginnt östlich des Dorfes Presen und reicht bis zum Leuchtturm Marienleuchte. An der östlichen Steilküste gibt es nach Norden hin zwar immer feineren Sand, beim Gang ins Wasser müssen jedoch zunächst größere Kiesel überwunden werden. Es empfiehlt sich, mit Badeschuhen und über einen Badesteg in die Ostsee zu tauchen, dort hat man einen sandigen Grund. Der **Strandabschnitt** ist oft einsam und verträumt, Hunde sind erlaubt. Er eignet sich für lange Strandspaziergänge, zum Entspannen und für die Suche nach Hühnergöttern, Donnerkeilen oder Bernsteinen (s. S. 58).

Marienleuchte ist geprägt von Ferien- und Wohnhäusern, es gibt jedoch keine Einkehr- oder Einkaufsmöglichkeiten. Dafür findet man dort Ruhe und reine Natur. Benannt ist der Ort nach dem **Alten Leuchtturm Marienleuchte**. Für ihn namensgebend war die dänische Königin Marie Sophie Friederike, die Gattin von König Frederik VI.

Obwohl der Leuchtturm zu Ehren der Königin an deren 65. Geburtstag, dem 28. Oktober 1832, zum ersten Mal eingeschaltet wurde und den Namen »Mariefyr« (Marienleuchte) erhielt, trägt das Gebäude die Insignien des Königs an der Außenwand. Beim Bau des Leuchtturms gehörte Fehmarn noch zu Dänemark. Marienleuchte ist Fehmarns ältester Leuchtturm, der anstelle des ehemaligen Bakenfeuers die Schiffe vor dem Puttgardener Riff warnen sollte. Das ganz aus Backsteinen gefertigte Gebäude ist 18 m hoch und hat eine Leuchtfeuerhöhe von 28,2 m über dem Meeresspiegel. Nach 135 Dienstjahren wurde das Feuer »gelöscht«, da der schlechte bauliche Zustand des Turms eine erforderliche Erhöhung nicht zuließ. Daher wurde 1967 ein neuer 33 m hoher Stahlbetonturm in unmittelbarer Nähe aufgestellt und die Drehlinsenoptik des alten Turms dort eingesetzt. Er dient als Quermarken- und Orientierungsfeuer – leider fehlt es ihm ein wenig an Eleganz und Originalität. Das historische alte Leuchtturmgebäude ist vom Verfall bedroht und wartet dringend auf eine Restaurierung und Umnutzung.

VON HÜHNERGÖTTERN, KLAPPERSTEINEN, DONNERKEILEN ...

Gepunktete, gestreifte oder ungewöhnlich geformte Steine zu sammeln ist nahezu ein Muss bei einem Strandspaziergang. Die schwarzen, grauen oder auch braunen Flint- oder Feuersteine sind dabei die häufigsten Funde. Der Flint entstand in der Kreide- und Tertiärzeit, vor etwa 70 bis 60 Mio. Jahren. Zu seiner Bildung braucht es Kalk und Opal (Quarz und Wasser) etwa aus den Skeletten der Kieselschwämme, die am Boden des Kreidemeeres lebten. Der Opal wurde aufgelöst, sammelte sich im Sediment und verfestigte sich zu Feuersteinknollen. Die weiße Kruste, die bei den dunklen Feuersteinen oft noch vorhanden ist, besteht ebenfalls aus Opal. Die braunen, rötlichen oder gelben Varianten sind Feuersteine, die durch eindringende, eisenhaltige Wässer gefärbt wurden. Ein besonderer Ansporn ist es, einen Stein mit einem durchgehenden Loch zu finden: einen sogenannten **Hühnergott**. Die wohl plausibelste Erklärung für den Namen lautet: Man hängte viele solcher Steine untereinander an einer Schnur an den Hühnerstall, um durch das Klappern im Wind den Fuchs fernzuhalten. Ab und an fungiert eine solche Schnur auch als Regenablauf von der Dachrinne. Egal wozu man sie verwenden will, eins ist sicher: Wer einen Hühnergott gefunden hat, darf sich etwas wünschen!

Ebenso interessant sind die sogenannten **Klappersteine**. Das sind kugelförmige Feuersteine mit einer losen, kleineren Kugel in der Mitte. Der Feuerstein bildete sich um das Skelett eines Kieselschwamms herum. Da das Skelett hohl war, konnte in dessen Inneren ebenfalls Feuerstein entstehen. Der Rest des Tiers hat sich im Laufe der Zeit aufgelöst und eine kleinere Knolle zurückgelassen. Der Name Flint (althochdeutsch *flins* für Steinsplitter) hat sich auch auf ein Gewehr bzw. die »Flinte« übertragen, da der Feuerstein beim Gewehrbau zum Funkenschlagen verwendet wurde.

Bei den Zigarrenspitzen ähnelnden Belemniten, im Volksmund **Donnerkeil** genannt, handelt es sich um die Innenskelette von ausgestorbenen Tintenfischen. Sie bilden sich in einem Weichteilsack und sollen den Weichkörper stabilisieren, etwa so wie unsere Wirbelsäule. Was man findet, ist der massive Teil des inneren Skeletts, das Rostrum, das aus radialstrahligem Calcit aufgebaut ist. Der Sage nach wurde der Donnerkeil von Gott Thor mit einem Hammer durch die Wolken geschlagen, wobei Blitz und Donner entstanden. Daher kommt auch der (Aber-)Glaube, dass der zu Stein gewordene Blitz den Besitzer vor einem Gewitter schützt. Denn ein Blitz soll angeblich niemals zweimal in dieselbe Stelle einschlagen.

BRÄUNLICHE FEUERSTEINE UND VOM WASSER GESCHLIFFENES GLAS HABEN EINE GANZ ÄHNLICHE FARBE WIE BERNSTEIN. DURCH DIE GLÄNZENDE OBERFLÄCHE KÖNNEN SIE MIT BERNSTEIN VERWECHSELT WERDEN.

... UND DEM »PFLASTER« DER BÄUME

Nordeuropa war vor etwa 55 bis 38 Mio. Jahren von einem tropischen bis subtropischen Mischwald bedeckt, in dem die Bernsteinkiefer wuchs. Seine Verletzungen verschloss der Nadelbaum mit seinem Saft, dessen hellgelbe Farbe und der aromatische Duft Insekten und Kleintiere anlockten. Diese blieben am Harz kleben und wurden mit der Zeit darin eingeschlossen. Klarer **Bernstein** ist außen am Stamm heruntergetropft, trüber lief innen entlang und wurde mit Pflanzenfasern angereichert. Starb der Baum ab, vermoderte sein Holz, das Harz aber überdauerte die Jahrmillionen. Durch Eistransport gelangte der Bernstein zusammen mit anderen Geröllen nach

Norddeutschland. Später wurde der sehr leichte Bernstein von der Strömung wieder mitgenommen und lagerte sich in ruhigeren Zonen des Meeres ab. Von dort wird er heutzutage bei Stürmen immer wieder hochgespült.

Einen Bernstein zu erkennen ist gar nicht so schwer. Der Rohbernstein ist durch den Abschliff der Steine nicht vollständig von einer Verwitterungskruste umschlossen, sondern glänzt meist an einer Seite. Dadurch ähnelt er von Weitem zwar dem braunroten oder gelblichen Feuerstein, lässt sich aber durch sein geringes Gewicht unterscheiden. Außerdem lädt sich der Stein elektrisch auf, wenn man ihn an glatten Flächen (Pullover, Handrücken etc.) reibt, und zieht dann Fussel oder Papierschnipsel an. Zudem ist er brennbar, da er zu zwei Drittel aus Kohlenstoff besteht. Von dem mittelalterlichen Namen *bernen* oder *börnen* für »brennen« leitet sich auch der Name ab. Verbrennen möchte man den Fund natürlich nicht, daher bietet sich ein weiterer Test an: Man löst 15 g Salz in einem Glas auf und legt den Bernstein hinein. Er muss auf der Oberfläche schwimmen, Steine würden hinabsinken. Im Burger Rathaus können Besucher unbehandelten Bernstein kaufen und dann selber schleifen. Das Fundstück lässt sich dann dort oder zu Hause leicht mit Nassschleifpapier und Zahnpasta aufpolieren.

VORSICHT PHOSPHOR

Ab und an handelt es sich bei einem vermeintlichen Bernsteinfund um Weißen Phosphor. Der aus Brandbomben des Zweiten Weltkriegs stammende Phosphor trocknet in der Hand oder der Hosentasche, entzündet sich und brennt in einer über 1.000 °C heißen Flamme ab. Zum Löschen empfiehlt es sich, nassen Sand zu nehmen, auf keinen Fall Wasser. Bernsteinfunde sollten daher im Zweifelsfall immer in einer Blechdose gesammelt und einem Experten vorgelegt werden.

DER NORDEN

Für die meisten Besucher ist das Ziel an der Nordküste vor allem der Fährhafen Puttgarden, die kürzeste Verbindung nach Skandinavien. Auf der meistbefahrenen Fährroute Nordeuropas fahren die Fähren 365 Tage im Jahr, 24 Stunden am Tag bei (fast) jedem Wetter. Schon heute sind es umweltfreundlichere Hybridfähren, geplant ist, sie gänzlich emissionsfrei zu betreiben.

PUTTGARDEN – DER VOGELFLUG GEHT WEITER

Das einstmals abgelegene Dorf »*pod gorie*« (= unterhalb der Burg) ist seit der Eröffnung der »Vogelfluglinie« von Hamburg nach Kopenhagen und dem Bau der Fehmarnsundbrücke zum Synonym für einen Fährbahnhof geworden. Die großen Fährschiffe können zugleich Personen, Autos, Lastwagen und ganze Eisenbahnzüge aufnehmen.

In Rødbyhavn auf der Insel Lolland werden alle wieder an Land gesetzt. Wer einmal das Erlebnis einer Fährfahrt genießen möchte, kann mit einem Tagesticket für 14 € hin- und zurückfahren, in der Nebensaison sogar für die Hälfte (www.scandlines.de). Die Fahrt über den 18,5 km breiten Fehmarnbelt dauert mit der Fähre knapp eine Dreiviertelstunde – Zeit, sich zu entspannen.

FÄHREN FAST ZUM ANFASSEN

Die wie die Scheren eines Krebses angelegten **Molen** ragen weit ins Meer hinaus. Am Ende eines langen Molenarms ist man den großen Fährschiffen zum Greifen nahe, die alle 30 Minuten den Fähranleger verlassen. An dieser relativ engen Zufahrt wird deutlich, dass das gesamte Hafenbecken künstlich angelegt werden musste, da sich an der nördlichen Ausgleichsküste keine natürlichen Häfen ausbilden können. Die Fähren sind sogenannte Doppelendfähren, die ohne Wenden vorwärts- und rückwärtsfahren können und so ein schnelles Be- und Entladen ermöglichen.
Eine Anlaufstelle »an Land«, vor allem für skandinavische Tagestouristen, ist der **BorderShop**, ein riesiges, schwimmendes Einkaufszentrum der Reederei Scandlines. Dort gibt es u. a. eine Weinabteilung, in der Sommeliers bei der Qual der Wahl zwischen 900 Weinsorten beratend zur Seite stehen. Aber auch Bier aus aller Welt,

über 350 Whisky-Sorten, Schokolade aus der Schweiz und Schweden, Lakritze aus Dänemark und Butterkekse aus England werden angeboten – die Auswahl macht es.

VIA SCANDINAVICA – DER PILGERWEG

Das Dorf Puttgarden selbst ist etwas ins Abseits geraten, obwohl es dort einige nette Ecken gibt, die sich lohnen, angeschaut zu werden. Ein Stück westlich des Anlegers, etwa einen Kilometer vom Strand entfernt, trifft man auf die **Gedenkstätte »Peter-und-Paul-Kapelle«**. Eine kleine Schutzhütte, ein Gedenkstein und ein einfaches Holzkreuz erinnern an das ehemalige Gotteshaus vom Ende des 12. Jhs. Die Kapelle war der erste Ort, den die Reisenden von Dänemark kommend erreichten. Nach der oftmals beschwerlichen Überfahrt über den unberechenbaren und von Piraten heimgesuchten Belt legte man nach der dreistündigen Überfahrt dort ein Dankesopfer in einen Opferstock aus Eiche. Diesen »Strandblock« kann man noch heute in der Kapelle St. Jürgen in Burg sehen (s. S. 27). Das ursprüngliche Kirchlein wurde 1644 durch die Schweden komplett zerstört. Die Gedenkstätte liegt an dem Jakobs-Pilgerweg »Via Scandinavica«, der in Deutschland von Eisenach bis Fehmarn reicht und mit der gelben Jakobsmuschel gekennzeichnet ist.

DAS BLAUE KREUZ

Bei der Fahrt über die Insel sowie durch Ostholstein fallen immer wieder blaue Holzkreuze auf, die am Zaun oder einer Hausmauer lehnen. Es handelt sich um das Protestzeichen gegen die **»Feste Beltquerung«**, einen über 18 km langen Absenktunnel, eingelassen in einen mehr als 200 m breiten Tunnelgraben sowie eine Ostseetrasse durch Ostholstein, die Fehmarn und das Hinterland mit Rødby/Dänemark verbinden sollen. Es wird die längste Wasserquerung für Pkws in Europa mit einer Tiefe bis zu 35 m. Sie wäre das fehlende Glied von festen Querungen auf der Vogelfluglinie von Hamburg nach Kopenhagen, die bereits viermal durch Brücken überwunden wird. Bisher wird die Strecke zwischen Fehmarn und Dänemark noch von den Fährschiffen übernommen.

Die Regierung von Dänemark und auch die Bundesregierung versprechen sich von der neuen Beltquerung eine erhebliche Fahrzeitverkürzung: Autofahrer könnten in zehn Minuten in Dänemark sein und der Güterverkehr mit Lkws, der bislang einen Umweg über die Jütland-Linie nehmen muss, auf die Schiene verlegt werden. Durch eine bessere Anbindung an die Region wird eine Zunahme der Touristenzahlen aus Skandinavien erwartet wie auch eine Förderung der wirtschaftlichen Beziehungen zwischen Skandinavien und Norddeutschland.

Dagegen stehen die Argumente der betroffenen Bevölkerung Fehmarns und des Hinterlandes, die das »Aktionsbündnis gegen eine feste Fehmarnbeltquerung e. V.« gegründet haben:

■ Die Finanzierung, noch vor Baubeginn bereits fast verdoppelt, ist auf deutscher Seite noch nicht gesichert (sie soll teilweise durch eine Maut wieder zurückgeholt werden). In den Kostenvoranschlägen der Baukosten für die Schienenzulaufstrecken (Hinterlandanbindung) sind die Lärmschutzmaßnahmen nicht enthalten. Es werden täglich bis zu 90 Züge erwartet, davon 49 Güterzüge.

■ Der wirtschaftsfördernde Effekt wurde nie plausibel nachgewiesen. Dagegen wird ein nachhaltiger Verlust von Arbeitsplätzen im Tourismussektor sowie den Fährhäfen erwartet. Allein die jahrelange Bauphase würde durch Lärm, Erschütterungen sowie erhöhte Schadstoffbelastungen nicht nur die Ruhe und Erholung der Gäste und Anwohner bedrohen.

■ Der Schaden für das bestehende Ökosystem ist bereits jetzt vorhersehbar und dessen Dauer nicht einzuschätzen. Die marine Flora und Fauna der Ostsee kann nur unter Klarwasserbedingungen gedeihen. In den Riffen und den seltenen Megarippeln haben sich in der Bodenzone lebende Organismen (Benthos-Organismen) angesiedelt, die auf der roten Liste stehen ebenso wie teils einzigartige Wasserpflanzen. Der einzig heimische Wal in Deutschland, der Schweinswal, bringt im Belt seine Kälber zur Welt, natürlich nur, wenn sein Revier weiterhin unbelastet bleibt. Die Laichgründe von Dorsch und Hering und die Muschelbänke als Nahrungsquelle für höhere Lebewesen (etwa Robben) werden durch das aufgewühlte Sediment beim Ausbaggern von über 20 Mio. Kubikmeter Meeresboden nachhaltig gestört und auf unbestimmte Zeit beeinflusst. Abgesehen davon, dass ein derart getrübtes Meer keine Urlauber anlocken wird, sondern es auch für die Menschen eher »ungenießbar« macht. Selbst die über Jahrhunderte gewachsenen Strandwälle der nördlichen Naturschutzgebiete könnten wieder abgetragen werden.

■ Der Wasseraustausch zwischen Nordsee- und Ostseewasser, der zu 20 % durch die Meerenge nördlich von Fehmarn stattfindet, würde unterbunden. Das bedeutet, dass die Zufuhr des salz- und sauerstoffreichen Wassers gestört wird.

■ Während der bisher geplanten Bauzeit von circa zehn Jahren kann es durch quer fahrende Bauschiffe zu Havarien kommen, da jedes Jahr etwa 60.000 Schiffe den Belt passieren.

■ Die Kosten für etwaige Sicherheitsmaßnahmen oder die Entfernung möglicher Ölteppiche sind ebenfalls unberücksichtigt.

www.beltquerung.info, www.beltretter.de, dort gibt es auch eine Unterschriftensammlung

DIE NORDKÜSTE

Die Küste am Fehmarnbelt eignet sich hervorragend, um abzuschalten und in die Ferne zu sehen, bei klarer Sicht bis nach Dänemark. Außerdem versprechen Spaziergänge in zwei der vier Naturschutzgebiete, dem Grünen Brink und der Nördlichen Seeniederung (s. S. 68), Natur pur. Der Küstenabschnitt besticht durch den überwiegend ruhigen, flachen Naturstrand, einer anschließenden Dünenlandschaft und das interessante Hinterland. Die Strandseen sind das Zuhause einer artenreichen Amphibienwelt, seltener und salzvertragender Pflanzen sowie Rastplatz unzähliger Wasservögel. Zwischen Oktober und März kann man sich dort jederzeit frei aufhalten, die restliche Zeit sind die Naturschutzgebiete zum Schutz der brütenden Wasservögel nur bei Führungen eines Naturschutzwartes zu betreten. Der Deichweg ist jedoch stets zugänglich, Schilder weisen auf besonders empfindliche Areale hin.

GAMMENDORFER STRAND

Unmittelbar vor dem Parkplatz Niobe-Denkmal breitet sich ein Strandabschnitt mit einer flachen Dünenlandschaft aus. Der Strand lädt zur Erholung, zum Baden und zu langen Spaziergängen ein. Der Gang ins Wasser ist zwar zunächst recht steinig,

nach ein paar Schritten hat man jedoch im Meer wieder feinen Sand unter den Füßen. Auf einer großen Schautafel werden einige der Gesteine aufgezeigt, die am Strand zu finden sind.
Mit Blick auf den Belt, die meistbefahrene Wasserstraße der Ostsee, kann man immer wieder anderen Schiffstypen nachträumen. Der Blick zurück auf den Strand macht jedoch klar, dass die Ostsee keineswegs eine »harmlose Badewanne« ist, für die sie oft gehalten wird.

NIOBE-DENKMAL – UNTERGANG DES »WEISSEN SCHWANS«

Schon von Weitem ist ein Mast des Schiffes deutlich zu erkennen. Zusammen mit einem Gedenkstein erinnert er an den Untergang des Segelschulschiffs NIOBE. Kurz vor der Küste im Fehmarnbelt manövrierte der »Weiße Schwan der Ostsee«. Es war der 26. Juli 1932, als um die Mittagszeit auffrischender Wind gemeldet wurde. Die Anker zur Weiterfahrt in die östliche Ostsee waren bereits gelichtet. Obwohl die Obersegel sofort eingezogen wurden, schaffte es eine plötzlich auftretende und unberechenbare Gewitterbö, das Schiff zum Kentern zu bringen. Der Leuchtturmwärter von Marienleuchte, in acht Seemeilen Entfernung, war Zeuge des Geschehens und sah zu, wie das Schiff binnen kürzester Zeit in der Ostsee versank. Nur 40 der 109 meist sehr jungen Seeleute konnten von den herbeigeeilten Schiffen gerettet werden.
Das **Restaurant Café & Bar Niobe** bietet Kleinigkeiten und Erfrischungen an und lockt mit Sitzplätzen auf der großzügigen Terrasse (11.30–20 Uhr).

WESTERMARKELSDORF – STURMGEPEITSCHT UND SONNENVERWÖHNT

Einer der formschönsten Leuchttürme ist der denkmalgeschützte, achteckige **Westermarkelsdorfer Leuchtturm**. Er markiert die Nordwestspitze der Insel und weist seit 1881 als Orientierungs- und Warnfeuer der Schifffahrt den Weg an den Untiefen vorbei in den Fehmarnbelt. Diese Ecke Fehmarns galt schon immer als recht rau, einsam und – in früheren Zeiten – ziemlich gefährlich. Im 17. Jh. machten sich einige Bewohner diese Gefährlichkeit zunutze: Nachts sollten am Strand zwei Feuerbarken den Schiffern zur Orientierung dienen. Ab und an verschoben sich die Leuchtzeichen jedoch um ein paar Meter …

Am nächsten Morgen verhalf das Strandgut dem »Finder«, seinen Lebensunterhalt aufzubessern. Mit dem Bau des Leuchtturms endete diese zusätzliche Einnahmequelle allerdings. So geschehen natürlich nicht nur auf Fehmarn.

Immer schon zeigten sich auch die Wetterfrösche an dieser klimatisch exponierten Stelle interessiert. Früher musste der Leuchtturmwärter täglich Windmessungen durchführen und weiterleiten. Der Deutsche Wetterdienst (DWD) betreibt dort eine Wetterstation, die schon mal Klimarekorddaten meldet: Im Frühjahr 2008 war Fehmarn die sonnenreichste Gegend Deutschlands. Die größten Windgeschwindigkeiten mit Werten über 60 km/h kommen aus dem Südwesten und wurden meist von November bis März gemessen. Von dort fegte auch das Orkantief »Christian« im Oktober 2013 über das Land, bei dem in Westermarkelsdorf Windböen bis zu 133 km/h herrschten.

Hinter dem Deich liegt eine große Salzwiesenfläche, die von Schafen kurz gehalten und festgetreten wird. Ein Spazierweg führt von dort zu einer hölzernen Aussichtsplattform, allerdings nur bei Niedrigwasser. Sind die Wiesen zu sehr überschwemmt, erreicht man den Aussichtsturm über den kleinen Ort Altenteil. Der Naturstrand zieht Wassersportler und Angler gleichermaßen an. Ein Flecken zum Schauen und Träumen oder auch zum Malen. Der Maler **Ole West** hat den Leuchtturm und die Umgebung bereits 1994 in seiner typischen Mischtechnik gemalt. Seine Motive sind auf Postkarten festgehalten.

NATURSCHUTZGEBIETE (NSG)

Von der 78 km langen Küstenlinie werden die Nord- und die Westküste fast durchgehend von drei der vier Naturschutzgebiete eingenommen. Man spaziert durch naturnahe Lebensräume, die durch die Küstendynamik entstanden sind. Durch gerichtete Strömungen wurde Sand- und Kiesmaterial an den Küstenvorsprüngen angelagert und ständig verlängert. So entstanden Nehrungshaken, schmale Landzungen, die Buchten von der Ostsee abtrennten. Ein charakteristisches Merkmal für solche Haken- und Nehrungsküsten ist ein feinsandiger Strand, der bis weit unter die Wasserlinie reicht.

GRÜNER BRINK

An der nördlichen Küstenlinie westlich von Puttgarden erstreckt sich das etwa 134 ha große NSG Grüner Brink. Diese alte Strandwalllandschaft mit den moorigen Seen im Hinterland dient vielen Vögeln als ideale Rast- und auch Brutstätte auf ihrem Weg entlang der Vogelfluglinie. Bereits seit 1938 steht das Gebiet unter Naturschutz, wobei der geschützte Bereich bis 150 m weit in die Ostsee hineinreicht. Seine Entstehung verdankt es sozusagen der großen Sturmflut von 1872. Denn durch den

anschließenden Bau eines Landesschutzdeichs änderten sich die Strömungsverhältnisse der Ostsee an dieser Stelle. Es kam zur vermehrten Anlandung von Geröll und Sand und zur Bildung von Nehrungshaken, die auf den Strand zuwuchsen und drei Strandseen von der Ostsee abriegelten. Im Sommer bietet der Schutzwart Führungen an (Infos zu Führungen am NABU-Stand). Er zeigt Gästen neben vielen Watvögeln, Seeschwalben und unterschiedlichen Möwenarten auch den **Rothalstaucher**, den hübschen Charaktervogel des Brinks. Im Hinterland blühen der Blaue Natternkopf und die rosafarbene Grasnelke. Es ist möglich, auf den erschlossenen Wegen das Gebiet selbst zu durchstreifen und dabei im Jahresverlauf bis zu 170 Vogelarten zu entdecken. Ein guter Ausgangspunkt ist der Parkplatz am Badestrand Grüner Brink.

NÖRDLICHE SEENIEDERUNG FEHMARN

Das Schutzgebiet an der Nordwestküste Fehmarns war bis vor wenigen Jahrhunderten Teil der offenen Ostsee. Heute ist der Küstenabschnitt geprägt von Strandwallbildungen, Lagunen, Binnenseen, Salzwiesen, Niedermooren und Grünland, die weitgehend ohne Einfluss durch den Menschen belassen sind. Diese vielfältigen und unterschiedlichen Biotope bilden die Lebensgrundlage für eine typische Vogel- und Amphibienwelt. Man kann u. a. Rohrdommel, Sandregenpfeifer, Kiebitz, Flussläufer, Flussseeschwalbe, verschiedene Entenarten und Graugänse beobachten wie auch Kreuz- und Wechselkröte, Kammmolch oder **Rotbauchunke**. Wegen ihres klangvollen Rufes wird diese gerne mit einem Kuckuck verwechselt. Bis in die 1950er-Jahre war die beeindruckende Unke auf Fehmarn so weit verbreitet, dass sie als »Nachtigall von Fehmarn« bekannt war. Zu Beginn des 21. Jhs. war die Population jedoch auf

20 Tiere geschrumpft. 13 Tiere übernahm ein Amphibienspezialist, dem es gelang, sie nachzuzüchten. Inzwischen hat sich die Rotbauchunke an mehreren Stellen auf der Insel wieder angesiedelt. Die **Aussichtsplattform** am Markelsdorfer Huk erreicht man am ehesten vom Parkplatz am Deich nördlich von Altenteil. Ein Fernglas sollte unbedingt mit im Gepäck sein.

NABU-WASSERVOGELRESERVAT WALLNAU

Das Reservat nördlich von Flügge entwickelte sich aus einer Teichwirtschaft mit unterschiedlichen Biotopen. Schilf, Teiche, Wiesen und verschiedene Gehölze bildeten eine gute Grundlage für das große Vogelschutzgebiet. Um den unterschiedlichen Bedürfnissen der Vögel im Verlauf eines Jahres gerecht zu werden, wurde ein Kanalsystem installiert, durch das der Wasserstand in den Teichen reguliert werden kann. So schützt etwa ein hoher Wasserstand im Frühjahr die brütenden Schilfbewohner vor Bodenfeinden, ein niedriger Wasserstand im Sommer gewährt den Zugang zu einer reichen Nahrungsquelle in den schlammigen Bereichen. Mehrere Millionen Vögel queren zweimal im Jahr die Insel Fehmarn auf ihrem Weg aus ihren arktischen, skandinavischen und osteuropäischen Brutgebieten in den Süden und wieder zurück. Davon legen zahlreiche Vogelarten eine Rast ein oder lassen sich zum Brüten nieder. Naturfreunde können in sogenannten **Hides** (Beobachtungsverstecken) die Tiere in ihrem natürlichen Lebensraum beobachten, ohne sie zu stören. Vor allem der charakteristische **Säbelschnäbler** ist unverwechselbar und an seinem gebogenen Schnabel leicht zu erkennen. Gleichzeitig ist das Reservat ein Biotop für Amphibien, etwa den Teichfrosch oder die Kreuzkröte und die Wechselkröte sowie seltener Pflanzengesellschaften.

Auf dem **Naturerlebnispfad** geben spannende Spielstationen, Themensäulen sowie ein Tast- und Schnupperpfad, den man barfuß und mit verbundenen Augen betritt, nicht nur Kindern die Möglichkeit, sich aktiv mit der Natur auseinanderzusetzen. Vom Aussichtsturm aus öffnet sich ein fantastisches Panorama über das gesamte Gebiet. Vielleicht sieht man auch die

Galloway-Herde oder einen der seltenen Koniks, ausgewilderte Hauspferde, die von den osteuropäischen Tarpanen abstammen. Sie halten die Grasnarbe für die Bodenbrüter kurz. Man sollte sich Zeit nehmen, um viel zu entdecken und ausprobieren zu können. Der Rundgang beginnt und endet im Hauptgebäude mit Ausstellungsraum, Umweltladen und Café mit gemütlicher Außenterrasse, in dem man leckere Kuchen oder einen Biomittagstisch bekommt.

März – Okt., tgl. 10 – 17 Uhr, Führungen 11, 13, 15 Uhr, Tel. 04372/1002, www.wallnau.nabu.de, 4 €/10 €, Kinder von 6 – 18 Jahre montags frei, Leihfernglas 1 €

KRUMMSTEERT-SULSDORFER WIEK

Die lang gezogene Halbinsel liegt an der Südwestspitze Fehmarns, südöstlich des Flügger Leuchtturms. Für die unterschiedlichen, sehr empfindlichen Ökosysteme gilt ein absolutes Betretungsverbot. Bei einem Spaziergang auf dem Deich entlang vom Orther Hafen zum Flügger Leuchtturm hat man jedoch immer wieder einen wunderbaren Blick auf das Naturschutzgebiet, am besten mit einem Fernglas.

Seine Entstehung verdankt der Landsporn den Nord-Süd-gerichteten Strömungen, die Material vom Meeresboden abtragen und an der Spitze des »Krummen Schwanzes« wieder anlagern. So wächst der Krummsteert immer weiter in die Orther Bucht hinein. In dem durch Meerwasserüberspülungen, heftige Winde und intensive Sonneneinstrahlung geprägten Landzipfel brüten seltene Arten, wie die vom Aussterben bedrohte **Zwergseeschwalbe**. Auch Amphibien (Wechsel- und Kreuzkröte) schätzen die Salzwiesen und Brackwasserteiche mit der salzliebenden Flora, wie das gelb blühende Echte Labkraut oder die zartviolette Strandaster. In der sehr flachen Orther Bucht bildet sich bei extremer Westwindlage ein sogenanntes »Windwatt« (zum Ausgleich hat St. Petersburg dann Hochwasser, bis das Wasser wieder auf Fehmarn zurückschwappt = »Badewanneneffekt«). Dort finden dann vor allem die langbeinigen Watvögel einen adäquaten Lebensraum, und man sieht selbst hier die charakteristischen Wattwurmhaufen, die man vom Nordseewatt kennt.

Die Salzwiesen werden von den Galloway-Rindern kurz gehalten. Die eingedeichte Meeresbucht »Sulsdorfer Wiek« bietet den typischen Röhrichtbewohnern wie Rohrammer, Wasserralle oder Rohrdommel ebenso eine Heimat wie den Zwerg-, Rothals- und Haubentauchern.

INSELMITTE

LANDKIRCHEN

MITTELALTERLICHES LANDRECHT VON FEHMARN

Der geografische und historische Mittelpunkt der Insel ist heute eher etwas ins Abseits gerückt. Ein Bummel durch die Gassen des ehemaligen Handwerkerdorfes lohnt jedoch immer, besonders sehenswert ist die St.-Petri-Kirche. Bis 1867 tagte in Landkirchen die Landesversammlung Fehmarns. Aus dieser Zeit stammt der **Landesblock**, eine kompakte Archivtruhe aus einem rohen Eichenbaum gehauen und mit schweren Schlössern versehen. In ihr wurden seit 1326 Dokumente des Landrechts Fehmarns aufbewahrt. Jeweils einen der drei Schlüssel hatten die Kirchspielkämmerer von Petersdorf, Landkirchen und dem Osterkirchspiel. So konnte die Truhe nur gemeinsam geöffnet werden – und zwar exakt zur Mittagsstunde. Seit 1873 verwahrt das Staatsarchiv in Kiel diese historisch bedeutenden Papiere; die Truhe blieb in der Kirche St. Petri (s. S. 76).
Ein besonderes Vergnügen ist es, einmal bei den **Meisterschaften im Gummistiefelweitwurf** zuzusehen oder sogar mitzumachen. Bei dem alljährlich im Juli stattfindenden Spektakel fliegen die Stiefel immerhin bis zu knapp 40 m weit.

GEDICHTE IN PLATTDEUTSCHER SPRACHE

Von 1847 bis 1853 wohnte der Dichter **Klaus Groth** bei seinem Freund Leonhard Selle in Landkirchen. Er schrieb dort u. a. den »Quickborn« mit Gedichten in plattdeutscher Sprache. Am bekanntesten ist »Lütt Matten de Has«, das von dem Hasen erzählt, der es wagte, mit dem Fuchs zu tanzen, und dafür mit dem Leben bezahlen musste. Es war wohl ein fehmarnscher Hase, denn die Geschichte entstand an einem Fuchsbau in Landkirchen. Zwei Straßen und eine Schule tragen den Namen des Dichters und halten die Erinnerung an ihn aufrecht.

ST.-PETRI-KIRCHE – DIE LANDKIRCHNER ABER IST DIE FEINSTE!

Die ältesten Teile von »de landt Kercke« (Kirche auf dem Land) stammen aus dem 13. Jh. Der etwas abseitsstehende hölzerne Glockenturm geht wahrscheinlich auf das 17. Jh. zurück. Über dem Eingang ist das Siegel der Kirchengemeinde mit dem Bild des namensgebenden Petrus zu sehen. Der zierliche Dachreiter gibt dem gewichtigen Bau etwas Verspieltes. Das reich ausgestattete Gotteshaus macht ihrem Beinamen – »die Feinste« – alle Ehre. Den vorderen Teil des Kircheninnern dominieren Stücke aus dem Spätbarock: der **Altar** mit dem Christusgemälde des Lübecker Meisters Georg Friedrich Brusewindt, die wunderschöne **Taufe**, deren achteckige Form mit dem haubenförmigen Deckel an einen Abendmahlskelch erinnert, sowie die **Kanzel**, an deren Treppenbrüstung Justitia, Fortitudo und Temperantia, die drei Kardinaltugenden der Antike, sitzen. In den Seitenschiffen fällt neben dem beeindruckenden Landesblock das **Gestühl der Mackeprang-Wittschen Vetterschaft** von 1580 auf: wuchtige, lederbezogene Stühle mit dem Wappen der Vetterschaft. Sie ist die einzige, heute noch bestehende Vetterschaft von ehemals 15 auf der Insel. Deren Mitglieder – wer Mackeprang, Witt oder Witte heißt und auf Fehmarn geboren ist – standen sich wie in einem sozialen Netzwerk in Notsituationen bei, leisteten Beistand gegen Angreifer und kümmerten sich um die Hinterbliebenen. Heute sind viele Leistungen nicht mehr notwendig, aber geholfen wird immer noch und der Zusammenhalt untereinander gestärkt.

455
622 1-2
566
331 1+2+5
170

Der Landesblock: In dieser Truhe wurden seit 1326 Dokumente des Landrechts von Fehmarn aufbewahrt.

Die zarte **Marienkrone** mit doppelseitiger Strahlenmadonna aus der Wende 14./15. Jh. ist ebenso sehenswert wie zwei **Votivschiffe**. Sie wurden üblicherweise aus Dank für die Errettung aus Seenot gestiftet. Eines davon ist das Kriegsschiff LÜBECKER ADLER, von einem Puttgardener Fährknecht 1618 an die Kirche gegeben. Eine weitere Besonderheit stellen die zahlreichen **Betschemel** des 17. bis 18. Jhs. dar, die mit Verzierungen, Wappen und Hausmarken versehen sind. Diese zeigen die Zugehörigkeit zu den einzelnen Familien (s. S. 23). Äußerst stattlich sind die mit Malereien und Schnitzwerk geschmückten **Bauernlogen**, die den einflussreichen Familien vorbehalten waren. Auffallend ist, dass sie keinen Zugang mehr besitzen. Sie waren einst über außen angebrachte Treppenhäuser zu erreichen, die Ende des 19. Jhs. abgerissen wurden. Die schlicht und elegant gehaltene **Orgel** stammt von dem berühmten Orgelbauer Marcussen aus Dänemark und ist die älteste Orgel auf der Insel (1847). Die beiden neuen **Buntglasfenster** von Klaus Bönnighausen (1974) entwickeln erst bei Einfall des Sonnenlichts ihre Wirkung. Ansonsten wirken sie in der überwiegend barocken Einrichtung etwas fremd. Tel. 04371/6894, Ostern – Okt. Mo. – Fr. 9 – 16 Uhr

DAT OLE AALHUS – AAL SAUER

Direkt gegenüber der Kirche macht das alte Fachwerkhaus mit dem Reetdach aus dem Jahr 1822 neugierig. In dessen Torsturz ist ebenfalls eine Hausmarke zu entdecken. Das zu einem gemütlichen Restaurant umgebaute Haus verspricht klassische Fischgerichte (entgrätet!) mit Dorsch, Scholle und Matjes, wie auch mediterran inspirierte Scampi sowie Lachsgerichte und natürlich den bekannten Aal in sauer, eingelegt in Essigwasser und fein gewürzt. Im Sommer wird auf der gemütlichen Gartenterrasse mit Biergarten serviert. In der Hauptsaison sollte man unbedingt einen Tisch reservieren, denn nicht umsonst erhielt die Küche eine Auszeichnung vom Gourmetjournal »Der Feinschmecker«. Hauptstr. 39 a, Tel. 04371/9199, www.aalhus.de, Di.–So., Mo. Ruhetag, ab 17 Uhr

WETTERFAHNEN – WER DIE WAHL HAT ...

Noch vor etwa zehn Jahren sah man auf fast jeder Scheune in den Dörfern Fehmarns eine Wetterfahne. Es waren nicht nur die üblichen Hähne vertreten, sondern etwa Pferde, Kühe, Schiffe oder Hexen. Der Zahn der Zeit hat wohl viele vom Dach geholt. Heute thronen jedoch wieder einige ungewöhnliche Exemplare auf den Dächern. In dem ausgesprochen gemütlichen Dörfchen **Vadersdorf** mit seiner sehenswerten Lindenallee ohne großen Durchgangsverkehr und den alten Bauernhöfen entdeckt man auf einer Scheune einen Ausgucker als Wetterfahne, der dem Betrachter ein Schmunzeln aufs Gesicht zaubert. In **Dänschendorf** und **Puttgarden** reiten Pferde in den Himmel und geben die Windrichtung an. Unbedingt anschauen sollte man zwei Windrichtungsanzeiger in **Ostermarkelsdorf**: Auf der einen Scheune prangt ein Schwein mit Ringelschwänzchen und auf der anderen tatsächlich ein Traktor. Und es ist nicht irgendein Traktor, sondern gefertigt nach dem Originalvorbild eines Hanomag von 1968. Der steht wunderbar erhalten in glänzendem Orange in der Scheune des Besitzers und wird für die Feriengäste des Biohofes der Familie Albert zu Fahrten in die Umgebung genutzt. Um alle Einzelheiten der liebevoll gestalteten Traktor-Wetterfahne erkennen zu können, braucht man ein Teleobjektiv oder ein Fernglas.

NEUJELLINGSDORF

Der kleine Ort im Westen von Landkirchen hat gleich zwei Attraktionen zu bieten: den kleinsten Flugplatz Deutschlands und gehobene Küche im über 200 Jahre alten Landhausrestaurant.

FEHMARN AIR – RUNDFLÜGE

Die Insel von oben – dieses besondere Erlebnis bietet Familie Skerra mit der Cessna F172M. In 15 Minuten überfliegt sie die Steilküsten, Yachthäfen und Orte der Insel. Wenn es möglich ist, werden auch Sonderwünsche erfüllt. Als Terminal und Büro dient ein Wohnwagen, der ab Frühjahr auf die Wiese rollt und im Herbst wieder in den Winterschlaf geht. Tel. 0171/99101931, www.fehmarn-air.de

NORDDEUTSCHE GEMÜTLICHKEIT MIT ASIATISCHEM TOUCH

Das ehemalige Bauernhaus **Margaretenhof** von 1810 wird seit über 40 Jahren als familiär geführtes Landhausrestaurant betrieben. Es werden ausschließlich frische Produkte aus der Region verwendet, verfeinert mit asiatischen Gewürzen. Erlesene Weine und ungewöhnliche, hausgemachte Sorbet- und Eisvariationen runden das Angebot ab. Wer es sich lieber zu Hause gemütlich macht, dem wird das »Ententaxi« empfohlen, das nach Vorbestellung eine knusprige Ente mit den Beilagen bis ans Haus liefert. Dorfstr. 7, Tel. 04371/87670, www.restaurant-margaretenhof.com, Mi.–Sa. ab 17 Uhr, So. ab 12 Uhr

PETERSDORF

Der vierte Kirchenort auf Fehmarn ist ein altes, gewachsenes Dorf. Das historische Ortsbild ist an vielen Stellen erhalten worden. Sogar das Kopfsteinpflaster einiger Straßen ist denkmalgeschützt. Mit am schönsten ist es rund um den Dorfteich mit seinen wunderschönen alten Bäumen. Ein Ruhepol zum Flanieren und Verschnaufen sowie den Enten zuzuschauen.

Petersdorf besaß zwar nie Stadtrechte, spielte aber stets eine Sonderrolle auf der Insel. Zum einen war es neben Burg der zweite Gerichtsort mit einem Platz für das Thinggericht. Dort ließ man noch bis 1854 Straftäter hinrichten. Zum anderen konnte der Ort dadurch besondere Rechte einfordern. So bekam Petersdorf etwa die Zulassung für eine größeren Anzahl von Gewerbe- und Handwerksbetrieben und ist bis heute Hauptort des Inselwestens mit zahlreichen Geschäften und dem Therapeutikum WestFehmarn.

ST.-JOHANNIS-KIRCHE – DIE PETERSDORFER IST DIE HÖCHSTE ...

Ein kreisrunder Lindenwall umgibt die St.-Johannis-Kirche aus dem 13. Jh. An dem ursprünglichen Kirchenbau lassen sich mehrere An- und Umbauten im Laufe der Jahrhunderte feststellen. Ursprünglich war die Kirche dem heiligen Petrus geweiht und hieß St. Petrus, daher stammt der Name des Dorfes. Mit 64 m ist der aus Granitquadern erbaute Kirchturm der höchste Inselturm, sodass er früher als Seezeichen diente. Seine Spitze war immerhin 20 Seemeilen weit zu sehen. Die Zahl 64 entspricht der Anzahl der umgebenden Linden, soll aber vor allem an den Deutsch-Dänischen Krieg und das Jahr 1864 erinnern, in dem Preußen und Österreich mit Dänemark über Gebietsansprüche stritten.

Im Innern fällt sofort der strahlende, vergoldete **Flügelschnitzaltar** ins Auge. Diese wunderbare Arbeit aus dem 14. Jh. stellt

Sakramentshaus, Ende 15. Jh.

seine Rarität dar, da selten so viele heilige Frauen auf einmal gezeigt werden. Unter den 13 Frauen ist Agnes mit dem Lamm, Maria Magdalena mit dem Salbgefäß oder auch Margarethe mit dem Drachen dargestellt. In der Passionszeit vor Ostern und in der Adventszeit wird der Altar geschlossen und zeigt Szenen aus dem Leben Jesu. Weitere Kostbarkeiten sind das **Taufbecken** aus gotländischem Kalkstein aus der Entstehungszeit der Kirche mit dem hölzernen Taufdeckel aus dem 18. Jh. sowie das gleich einem gotischen Turm gestaltete **Sakramentshaus** zur Verwahrung der Hostien vom Ende des 15. Jhs. Tel. 04372/209, Ostern – Okt. Mo. – So. 8 – 18 Uhr

RAPSBLÜTENFEST – DIE WAHL DER KÖNIGIN

Der Platz rund um die Kirche und den Dorfteich wird im Mai drei Tage lang zum Mittelpunkt des Rapsblütenfestes. Neben dem Höhepunkt mit der Wahl der Rapsblütenkönigin und -prinzessin sowie den Kindermajestäten werden ein farbenfroher Umzug und ein buntes Festprogramm mit Kunsthandwerkerständen, Livemusik, Tanz und Akrobatik dargeboten. An einigen Ständen stehen Rapsschnaps und Rapsöl zum Verkauf wie auch der leckere Honig, den die Bienen von den knallgelb leuchtenden Blüten sammeln. Mitte Mai, www.rapsbluetenfest-fehmarn.de

DIE NATUR SCHMÜCKT SICH UND ANDERE

Ein bisschen Hilfe braucht sie allerdings dafür. Seit über 15 Jahren hat die ehemalige Zahntechnikerin Andrea Osterkamp ihr Hobby zum Beruf gemacht. In dem kleinsten Ladengeschäft auf Fehmarn bietet sie unter dem Label »**Fehmarnsteine**« formschöne und vor allem individuelle Schmuckstücke an. Ihr Lieferant ist der Ostseestrand mit den von der Eiszeit herantransportierten Gesteinen und Fossilien. Es entstehen meist in Silber gefasste Schmuckunikate sowie originelle Kerzenhalter, Schlüsselanhänger oder Flaschenkorken und vieles mehr. Wer möchte, kann seinen eigenen Strandfund mitbringen und ihn zu einem besonderen Andenken designen lassen.
Erlengrund 14, Tel. 04372/991390, www.fehmarnsteine.de, Mo. – Fr. 11 – 18 Uhr, 16. Sept. – 30. April Mo. – Fr. 11 – 13 Uhr

ORTHER REEDE

Die Bucht mit der nahezu ideal halbrunden Form zieht sich vom Flügger Leuchtturm bis zum hübschen Leuchtfeuer **Strukkamphuk**. Der nur 5 m hohe Turm ersetzte 1935 den von Rost zerfressenen ersten Turm. Seine Laterne erinnert ein wenig an einen Chinahut und hat dadurch viele Künstler zu einem »Porträt« animiert, u. a. Ernst Pohlmann und Gerd R. Kirsch. Die beiden Fischerorte Orth und Lemkenhafen sind an diesem natürlichen Hafenbecken entstanden und haben sich bis ins 19. Jh. zu bedeutenden Handelshäfen entwickelt. Heute sind beide beliebte Ausflugsziele, vor allem für Wassersportler. Ein **Spazierweg** von etwa 2,5 km führt auf dem Deich entlang von einem Ort zum anderen. Am Ufer der Orther Reede entlang kommt man an verträumten Plätzen vorbei.

DER HAFEN VON ORTH

Die Gemeinde im Südwesten Fehmarns ist eine gelungene Mischung aus gemütlichem Hafenort mit Segel-Oldtimern und Fischerbooten sowie gleichzeitig modernen Yachten und einem Paradies für Surfer und Segler. Dank der Lage an der geschützten inneren Orther Reede sind die Bedingungen vor allem für Surfanfänger ideal. Das Wasser ist sehr flach und außerdem wärmer als in der offenen Ostsee.

Das lang gestreckte Hafenbecken ließ Kaiser Wilhelm I. im Jahr 1881 anlegen. Zu seinen Ehren steht ein Denkmal mit seiner Büste am Hafen. Die Häuser des Ortes schmiegen sich an einer Seite des Hafenbeckens an die Mole an. Nach der Eröffnung am 9. November entwickelte sich rasch ein reger Güter- und Personenverkehr nach Heiligenhafen und sogar bis nach Kiel. Erst als zu Beginn des 20. Jhs. die Eisenbahn nach Orth hineingebaut wurde, stellte man die Verbindung zum Festland über den Seeweg ein. Heute gibt es keinen Bahnverkehr mehr, die Schienen der ehemaligen Inselbahn sind jedoch noch an einigen Stellen sichtbar. Einer der letzten großen Kornspeicher, einst **Dinns** genannt, wurde in Lemkenhafen abgebaut und am Hafen in Orth wieder aufgestellt.

Inzwischen besitzt der Orther Hafen 150 Liegeplätze für Yachten, und es haben sich Surf- und Kiteschulen etabliert. Mindestens einmal muss man auf den beiden Kais entlangspazieren, denn zum einen hat man von dort die beste Sicht auf den Ort, zum anderen trifft man auf eine moderne und ungewöhnliche Gastronomie. Im **Café »Die Villa«** lässt es sich unter einem hohen Blätterdach behaglich sitzen und die traumhaften Kuchenkreationen mit Ausblick auf die Orther Reede genießen. Im Sommer lockt das gemütliche Ambiente zu den be-

liebten Vollmondpartys mit Livemusik und guten Cocktails (Am Hafen 4). Die Zwillinge Nele und Sina Quinting haben sich mit ihren saftigen Burgern auf der Insel bereits einen Namen gemacht: entweder mit dem Fleisch der Biorinder von Wallnau, den veganen Varianten oder den mit saisonalem Gemüse angerichteten Burgern des Monats. In ihrem Restaurant **Quintings** zählen Frische und die Auswahl an regionalen Produkten, nicht nur bei den Burgern, sondern etwa auch bei der selbst gemachten Zitronenlimonade. Am Hafen 2, Tel. 04372/8065110, www.quintings.de, Mo.–Fr. 12–14.30 Uhr und 17–20.30 Uhr, Sa./So. 12–20.30 Uhr

EIN BILDERBUCH-LEUCHTTURM WURDE »ENTRINGELT«

Der **Flügger Leuchtturm** ist eines der zuletzt erbauten, echten Leuchtfeuer (1914/15) an der schleswig-holsteinischen Ostseeküste und mit knapp 38 m der höchste auf der Insel Fehmarn. Noch heute wacht er über die tückischen Gewässer an der Südwestspitze der Insel. Als Oberfeuer in Verbindung mit dem Unterfeuer Strukkamphuk (s. o.) bildet der Turm eine Richtfeuerlinie, die in die schmale Fahrrinne des östlichen Fehmarnsunds einweist. Fünf Leuchtfeuerwärter waren bis zur Automatisierung der Anlage im Jahr 1981 für die Leuchtfeueroptik verantwortlich. Zu ihnen gehörte Karl Papst, ein ehemaliger Kunstreiter in der Kaiserlichen Armee. Zum Abschluss seiner Turmführungen erschreckte er gerne Besucher und auch Kapitäne auf den einlaufenden Schiffen, indem er einen Handstand auf dem Geländer der Galerie machte. Schon damals wusste er, sich und seinen Leuchtturm werbewirksam in Szene zu setzen. Lange Zeit war der so typisch rot-weiß geringelte Leuchtturm das Wahrzeichen der Insel und eine Werbeikone, bis zum Jahr 2011. Dann waren die roten und weißen Glasfaserplatten in die Jahre gekommen, und das darunterliegende Mauerwerk musste saniert werden. Heute steht der schlanke achteckige Turm wieder in seiner ursprünglichen Backsteinoptik mit rot-gelben Klinkern da, und seine rote Laterne leuchtet um so mehr. Hat man die 162 Stufen bis zu seinem unteren Umgang geschafft, wird man durch eine fantastische Rundumsicht belohnt. Auf etwa zwei Drittel des Aufstiegs sind Leuchtmittel ausgestellt, und man erhält Infos über Flora und Fauna des umgebenden Naturschutzgebietes.

Um den Leuchtturm ist ein netter Kaffeegarten mit Spielgeräten angelegt. Kaffee, Kuchen oder herzhafte Kleinigkeiten bekommt man an der Kaffeeklappe. Zum Leuchtturmgelände gelangt man nur zu Fuß: entweder vom Parkplatz am Flügger Hof aus auf einem etwa 1,5 km langen Weg oder von Orth aus, ca. 2,5 km über den Deich. In der Saison Di.–So. 10–17 Uhr, Eintritt 1 €/3 €

JIMI HENDRIX – SEPTEMBER 1970

Ein Gedenkstein für den Ausnahmegitarristen Jimi Hendrix erinnert an das »Deutsche Woodstock« Anfang September 1970. Der Rocksänger gab am Flügger Strand kurz vor seinem mysteriösen Tod in London sein letztes Livekonzert auf einem Festival. Zu diesem Anlass waren viele berühmte Bands der 1970er-Jahre nach Fehmarn gekommen. Das Wetter war dem »Love & Peace-Festival« nicht besonders gewogen, aber pünktlich zum Auftritt von Jimi Hendrix kam nach Kälte und Dauerregen die Sonne hervor, allerdings immer noch mit starkem Wind verbunden. Finanziell war das Festival ein Desaster. Da die aus Hamburg eingetroffenen »Ordner« wie auch die Bands ihr Geld einforderten, die Veranstalter jedoch pleite und verschwunden waren, endete der letzte Tag im Chaos und sogar mit Brandstiftung. Die Fans waren im Nachhinein trotz allem begeistert, sodass das Konzert bis heute unvergessen bleibt. Auf dem Weg vom Flügger Teich zum NSG Wallnau kommt man am ehemaligen Festivalgelände vorbei. Dort steht der zweieinhalb Meter große **Gedenkstein** für Jimi Hendrix. Der Steinmetz Andreas Leverenz hat die legendäre Fender-Gitarre von Jimi Hendrix im Maßstab 1 : 1 eingemeißelt. Die dort regelmäßig stattfindenden Revivalkonzerte mussten nach 16 Jahren aus naturschutzrechtlichen Gründen eingestellt werden.

REET – BAUMATERIAL VOR DER HAUSTÜR

Schon um 4000 v. Chr. bauten Siedler in Deutschland ihre Hütten aus Holz und Schilfrohr, dem Reet. Durch die Ansiedlung verschiedener Stämme entwickelten sich in den ersten Jahrhunderten n. Chr. typische, unverwechselbare Formen der Reetdachhäuser. Bis zum Mittelalter waren Reet- oder Strohdächer überall verbreitet. Nachdem jedoch innerhalb der Stadtmauern immer höher und dichter gebaut wurde, stieg die Brandgefahr rapide an. Die Stadtväter verordneten daher eine »harte« Bedachung – ein Dach aus Steinen oder Schindeln. Die Reetdachdecker wurden trotzdem nicht arbeitslos, da auf dem Land weiterhin das »Weichdach« bevorzugt wurde und sich Städter bald der Verordnung widersetzten. So haben in ganz Schleswig-Holstein reetgedeckte Häuser bis heute nichts an Beliebtheit verloren, obwohl sie inzwischen zu den exklusiven Dachformen gehören.

DIE ERNTE GELINGT BEI FROST

Auf Fehmarn kann man im Winter am Flüggerteich und in der Seeniederung die Reeternte beobachten. Einer der letzten **Reetbauern** ist der Fischwirtschaftsmeister Enno Franck. Das Reetgras wird möglichst bei Frost mit einem Reetvollernter geerntet, gereinigt und zu Großballen gepackt. Ein einziger Vorgang, der früher in mehreren Arbeitsschritten geschah: Der Reetbinder hechelte die Bündel einzeln, d. h., er befreite sie durch Schwenken von Blättern und geknickten Halmen, die auf dem Dach faulen würden. Anschließend stieß er das Reet auf einem Holzbrett mehrmals auf, um die Halme bündig zu machen, und band sie mit Draht zu gleichmäßigen Bunden zusammen.

EIN DACH, DAS LEBT

Die Verwendung von Reet auf dem Dach hat viele gute Gründe: Luftgefüllte Halme isolieren das Dach – das Haus bleibt im Sommer kühl, im Winter warm. Es atmet,

Töpferhaus des Wallmuseums in Oldenburg

verhindert Feuchtigkeitsbildung und schützt vor Lärm. Das Reetdach ist staub- und regendicht sowie sturmsicher, da es die Stau- und Sogbelastungen federnd auffängt und die Schwingungen gegen den Dachstuhl dämmt. Je steiler das Dach ist, desto schneller können Regen und Schnee ablaufen, und umso haltbarer ist es. Die dem Wetter abgewandte Seite eines Reetdachs kann 40, manchmal sogar bis 100 Jahre alt werden. Die Brandgefahr eines Weichdaches ist jedoch geblieben, daher ist das Reetdach bis heute mehreren Auflagen unterworfen: Die Gebäude sind auf ein bis zwei Stockwerke beschränkt und müssen einen Mindestabstand zu benachbarten Gebäuden einhalten. Ein Blitzableiter ist Pflicht, wie auch schwer entflammbare Materialien an der Unterseite des Daches.

Nicht zuletzt ist der ökologische Aspekt ausschlaggebend. Das Material ist unbehandelt und kann am Ende einfach verrotten. Leider kommen heute nur etwa 10 % des benötigten Reetmaterials aus Deutschland. Der Rest muss aus Österreich, Ungarn, Polen, Rumänien oder der Ukraine importiert werden.

ALTE HANDWERKSKUNST IST GEFRAGT

Die wenigen Dachdecker, die noch die Kunst des Reetdeckens verstehen, sind gut ausgelastet. Sie arbeiten mit den alten Werkzeugen wie Steck- und Ziehnadel, Klopfer, Reetschneider und Steckbrett, und inzwischen auch mit dem Akkuschrauber, um die

einzelnen Reetbündel am Dach zu befestigen. Heute noch wird das ganze Dach von Hand gefertigt, angefangen von der Traufe bis zum First und zwar in drei Lagen übereinander bis zu 30 cm dick. Die Firstabdeckung zeigt regional unterschiedliche Formen. Das Handwerk ist seit 2014 als »immaterielles Kulturerbe« anerkannt.

LEMKENHAFEN

An der Nordostecke der Orther Reede trifft man auf den geschichtsträchtigen Fischer- und Hafenort, der seinen ganzen Charme am Sportboothafen entwickelt. Vom **Hafenbistro** aus, das gleich neben dem Parkplatz Stühle und Tische aufgebaut hat, öffnet sich eine tolle Sicht auf die Bucht mit den Surfern bis hin zum Flügger Leuchtturm. Das Bistro bietet frisch zubereitete Fischbrötchen, leckeres Gyros oder auch vegetarisches Fladenbrot an. Den gleichen Blick, und ganz umsonst, hat man von dem XXL-Feldsofa und dem Minisofa aus. Diese **Feldsofas** finden sich überall auf Fehmarn entlang der Rad- und Wanderwege. Die überdimensionalen, geschwungenen Holzbänke bieten sich zur Rast mit oder ohne Picknick an. Manche der Bänke lassen sich sogar um 360° drehen.

Lemkenhafen ist niederdeutsch und bedeutet »Lämmchenhafen«. Das örtliche Wappen mit Lämmchen und Nesselblatt zeigt, dass das Dorf bis 1510 sogar Stadtrecht besaß. Ab dieser Zeit war der Hafenort mehrmaligem Auf und Ab unterworfen. Im 16. Jh. waren Fischerei, Handel und Seefahrt die wichtigsten Einnahmequellen, sodass er sich in direkter

Konkurrenz zum Burger Hafen befand. Zu dieser Zeit entstanden große Kornspeicher. Nach einem Bedeutungstief, bedingt u.a. durch den Dreißigjährigen Krieg, kam in der zweiten Hälfte des 18. Jhs. ein neuer wirtschaftlicher Aufschwung. Der Hafen avancierte zu einem der bedeutendsten der Insel mit einem beachtlichen Getreide- und Holzumschlag. In dieser Zeit der Blüte baute der Kaufmann Joachim Rahlff seine Windmühle. Doch der Beginn des 19. Jhs. läutete endgültig den Niedergang des Handelshafens ein. Die immer größer werdenden Segelschiffe konnten nicht mehr anlanden. Das Umladen auf kleinere Boote und auf Pferdewagen wurde immer zeitintensiver, sodass sich der Aufwand bald nicht mehr lohnte. Der dringend benötigte Ausbau der Fahrrinne wurde von einem Teil der Bevölkerung jedoch abgelehnt. Zudem ging der Weizenexport drastisch zurück, und die Kontinentalsperre tat ein Übriges. Heute lebt Lemkenhafen vor allem von seinem Yachthafen und hat sich einen Namen als äußerst beliebtes Surf- und Kiterevier gemacht.

JACHEN FLÜNK – EINE MÜHLE ALS GELDMASCHINE

Die über 230 Jahre alte Grütz- und Graupenmühle »Jachen Flünk« ist die einzige heute noch funktionstüchtige Segelwindmühle in Europa. Je nach Windstärke wurde das Segeltuch an den Flügeln ein- oder ausgefahren. Diese Segel werden heutzutage allerdings nur noch zu besonderen Gelegenheiten gesetzt, und dann meist mit »halv lien«, mit bis zur Hälfte bespannten Segeln. Die Mühle trägt den Namen des Erbauers Joachim (= Jachen) Rahlff, der stets sehr umtriebig war (Flünk = flink bzw. Flügel).

Grütze und Graupen waren vor allem in Skandinavien sehr beliebt und von so guter Qualität, dass der Müller sogar zwei Pfennig mehr als andere verlangen konnte. Einer der Besitzer prägte die Bezeichnung *»Schillingsmöl«*, nach der die Mühle bei jeder Umdrehung einen Schilling gebracht haben soll. Da war es kein Problem, *»de Schlötenkist«* ordentlich zu füllen. In dieser extra dafür gemachten Kiste musste immer so viel Geld bereitliegen, um jederzeit neue Mühlenflügel kaufen zu können. Der Bruch eines Flügels bedeutet einen sofortigen Betriebsausfall. »Jachen Flünk« hat lange und gut dem Müller gedient. Als jedoch die Nachfrage zu Beginn des 20. Jhs. immer geringer wurde, entschloss man sich, die Mühle 1954 stillzulegen, und baute sie in den nächsten Jahren als **Museum** um.

Auf den vier zugänglichen Böden lassen sich die Funktionsweise der Mühle und anhand der Exponate die Entwicklung des bäuerlichen Handwerks sowie das harte Leben der Landbevölkerung gut nachvollziehen. Man entdeckt eine Bröselmühle, eine Fehmarnsche Rummel (zum Kornreinigen), Mangelbretter, Butterfässer und vieles, vieles mehr. Es macht Spaß, fast bis in die Mühlenspitze zu klettern und jeden Boden mit den Mahlgängen, Korntrichter und dem Steinkern zu durchstöbern. Auf Höhe des Steinbodens bietet ein Umgang eine herrliche Rundumsicht, die sich zwei Böden höher durch die Luken noch einmal steigern lässt. Vor der Mühle steht ein originales

Fehmarnsches Taubenhaus, das einst jedes größere Bauerngehöft zierte. An der Seite gibt es eine Ladestation für E-Bikes. Mühlenweg 45, Tel. 04372/1894, www.museum-fehmarn.de, Juni – Okt. und in den Osterferien, tgl. außer Mi. 10 – 17 Uhr, 1 €/4,50 €

AAL DIREKT AUF DIE HAND

Urig geht es in der alten Aalkate zu: Frisch geräucherter Fisch, neben Aal auch Heilbutt, Lachs, Makrele und Hering, wird direkt in Pergamentpapier eingeschlagen angeboten. Man sitzt gut im Innern und im Garten mit Sicht bis auf die Fehmarnsundbrücke. Ein Schnaps danach als »Fettzerstäuber« ist Ehrensache. Gebratener Fisch wird mit hausgemachten Saucen verfeinert, und alle Speisen gibt es auch »to go«. Die Aalkate war einst das Geburtshaus des bekannten niederdeutschen Schriftstellers **Ferdinand-Wilhelm Lafrentz** (1859 – 1954), der als 14-Jähriger nach Chicago auswanderte und dort seinen ersten Gedichtband in plattdeutscher Sprache herausgab.

Lemkenhafen, Königstr. 20, Tel. 04372/532, www.original-aalkate-fehmarn.de., tgl. 9 – 21 Uhr, Nebensaison Fr. – So.

HOFCAFÉ ALBERTSDORF

Die rosafarbenen Fahrräder weisen den Weg. Im Caféraum oder der Hof- und Gartenanlage mit Pavillons, Strandkörben sowie einer großen Anzahl an Tischen und Stühlen findet jeder sein persönliches Plätzchen, um sich die traditionell hergestellten Backwaren aus der Backstube oder der Konditorei schmecken zu lassen. Besonders beliebt sind die Tortenklassiker als Blechkuchen wie die Schwarzwälder Kirschtorte. Eine Sünde wert sind auch die original Fehmarnschen Kröpel, mit und ohne Rosinen, die früher zum Weizenanschnitt an die Erntehelfer ausgeteilt wurden, sowie die ausgefallenen Brotsorten, angemischt etwa mit Kürbiskernen, Grünkohl oder Quittenmus. Ein Augen- und Gaumenschmaus sind die Thementorten, die die gelernte Konditorin und Tochter des Hauses entwirft. Albertsdorf 13, Tel. 04371/502524, www.hofcafe-albertsdorf.de, Di. Ruhetag, 11 – 18 Uhr, am Wochenende ab 7 Uhr

RIESEN AUF FEHMARN?

Mit Beginn der Jungsteinzeit, dem Neolithikum zwischen 4300 und 1800 v. Chr., begannen die Menschen, sesshaft zu werden. Sie bauten befestigte Häuser, betrieben Ackerbau und Viehzucht und begannen ihre Toten in sogenannten Megalithgräbern zu bestatten. Auch auf Fehmarn hat es zahlreiche dieser steinzeitlichen Gräber gegeben, bei denen riesige Findlinge zu einer Kammer zusammengestellt und mit Decksteinen geschlossen wurden. Aufgrund der Größe dieser Steine dachten die Menschen früher, es konnten nur Riesen oder Hünen derartig gewaltige Gewichte gestemmt haben, und nannten sie **Hünengräber**. Dem Toten wurden Keramikgefäße, Schmuck und Steingeräte mit in die Grabkammer gelegt, die anschließend mit Erde abgedeckt wurde. Heute nimmt man an, dass die Steine mittels Holzrollen an den Bestimmungsort gezogen wurden und man die Decksteine ebenfalls über eine hölzerne, schiefe Ebene an ihren Platz wuchtete. Erhalten sind nur einige wenige Grabkammern, da die Steine gerne von Steinschlägern gesprengt und als Schotter für den Straßenbau oder als Fundamentsteine in Gebäuden verkauft wurden. Mehrere Standorte solcher Grabanlagen sind heute noch auf Fehmarn zu finden und gelten als **Bodendenkmäler**.

Auf einer von Bäumen umstandenen Anhöhe südlich von **Gold** liegt, gut ausgeschildert, der **Alversteen**: Die ehemalige Grabkammer besteht aus vier Riesenfindlingen mit einem noch größeren Deckstein. In der ersten Hälfte des 19. Jh. diente der Stein als Seezeichen für die durch den Sund fahrenden Schiffe, da er auf einer Geländeerhöhung angelegt ist und der Deckstein ein leuchtend weißes Kreuz erhielt. Die Schiffer riefen: »Vorsicht Gold an Steuerbord oder Backbord!« Es ist das am besten erhaltene Großsteingrab Fehmarns. Von dort sind es nur ein paar Schritte zum flachen Deich und zum Wasser, auf dem sich die Kitesurfer tummeln.

Um die Siedlung **Katharinenhof** herum kann man sechs sogenannte **Langbetten**, Gräber hier mit einer Länge bis zu 40 m, anhand von lang gestreckten, flach gewölbten und baumumstandenen Kuppen erkennen. Die Findlinge liegen teils nicht mehr in ihrer ursprünglichen Position.

Am **Wulfener Berg** gab es einst mehrere **Langbetten** mit einer Länge von bis zu 130 m. Auch hier wurden die Steine als Baumaterial zweckentfremdet. Die Arbeitsgemeinschaft »Schönes Wulfen e. V.« machte sich für den Nachbau eines solchen Langbettes stark und realisierte das Projekt. Als Vorlage diente eine Zeichnung des Pastors Harries aus dem Jahr 1836, der noch das Original gesehen hatte. Mithilfe der Vorlage entstand ein Grab mit einer beachtlichen Länge von 60 m und einem Opferstein in der Mitte. Die Grabanlage ist offengelassen, einst war alles mit Erde abgedeckt. Drei weitere Objekte wurden als Bodendenkmäler eingestuft. Am **Thingplatz** von Staberhof kamen die Vertreter des Dorfes zusammen, um über Streitigkeiten zwischen den Bewohnern zu richten. Mit einer mächtigen Linde in der Mitte liegt er unmittelbar am Dorfteich. Das zweite Bodendenkmal ist der **Galgenberg** nordöstlich von Petersdorf. Der vorgeschichtliche Grabhügel war zu späterer Zeit auch Hinrichtungsstätte. Die kleine Anhöhe ist von Bäumen bewachsen und mit einem neuzeitlichen, doppelten Steinkreis umgeben. Schließlich sind auch die Reste der **Burg Glambek** (s. S. 45 f.) als Bodendenkmal eingestuft.

ADRESSEN UND INFOS

Tourismus-Service Fehmarn: Burg, Bahnhofstr. 30, Tel. 04371/506358, www.fehmarn.de Am Südstrand in Burgtiefe, Zur Strandpromenade 4, Tel. 04371/506300

Bahn: von Puttgarden mit dem EC nach Hamburg, mit der Regionalbahn oder -express nach Kiel über Bad Schwartau und Lübeck.

Bus: Linie 5811 nach Oldenburg, von dort Linie 4310 nach Kiel.

Bürgerbus: Eine Initiative der Bürger, die zusätzlich zum Nahverkehr auf der Insel auf fünf Touren kleinere Ortschaften mit Burg verbindet.
April–Okt., Mo.–Fr., Juli–Anfang Sept. auch Sa., vom Niendorfer Platz aus, meist dreimal am Tag, 1 €/2 €, mit *ostseecard* 0,50 €; zum Wasservogelreservat Wallnau Mo., Mi. und Fr. ab 10.30 Uhr 1,50 €/2,50 €, mit *ostseecard* 1,50 €, www.buergerbus-fehmarn.de

OstseeCard: Mit der *ostseecard* wird die Kurtaxe pro Urlaubstag abgegolten, und man hat freien Zugang zum Strand auf Fehmarn und in 18 weiteren Ostseebädern. Zusätzlich gibt es bei einigen Sehenswürdigkeiten Ermäßigungen sowie Vergünstigungen bei unterschiedlichen Aktivitäten. Nähere Hinweise findet man in einer Broschüre der Touristik-Information oder im Internet unter www.ostseecard.de.

Fehmarn ist ein **Eldorado für Fahrradfahrer.** Es gibt keine nennenswerten Steigungen, und mit rund 300 km gut ausgeschilderten Radwegen bleibt kein Wunsch offen. Bei den Touristik-Informationen bekommt man ein Radkartenset mit diversen Routenvorschlägen und wichtigen Informationen rund ums Rad (2,90 €). Außerdem führen der »Ostseeküsten-Radweg« und der »Mönchsweg« über Teile von Fehmarn. Fahrradverleihe gibt es in fast jedem größeren Ort, Informationen darüber erhält man im Touristik-Büro.

Inseltöpferei: In einem wunderschönen Haus von 1783 hat die Keramikerin

Christa Bänfer-Schellmann eine Kunsthandwerkerstätte eingerichtet. Sie bietet künstlerische Einzelstücke und Gebrauchskeramik in klaren Formen an. Burg, Niendorfer Str. 12, Mo.–So. 10–17 Uhr.

Senator-Thomsen-Haus: Breite Str. 28, in dem Haus aus dem 18. Jh. finden unterschiedliche kulturelle Veranstaltungen statt, wie Konzerte, Lesungen, Ausstellungen und Theateraufführungen.

ADVENTURE-GOLF/MEESCHENDORF

Auf 18 ungewöhnlichen Bahnen spielt man sich bis zum Ziel. Bei einer Mischung aus Minigolf und Abenteuer gilt es, ausgefallene Hindernisse zu überwinden. Man sollte sich weder von sechs tanzenden Fontänen noch von hohem Wellengang stören lassen und den Ball mit Geschick souverän einlochen. Der Parcours startet auf der Miniaturausgabe der Fehmarnsundbrücke und schlängelt sich weiter über Fehmarns Sehenswürdigkeiten. Eine Verschnaufpause verspricht das angeschlossene Café. Meeschendorf 39, Tel. 04371/8888574, www.adventure-golf-fehmarn.de, Hauptsaison tgl. 9/10–21 Uhr, Nebensaison bis 19 Uhr, montags Ruhetag, 5,50 €/7,50 €

Hochseeangeln: mit der MS SÜDWIND oder dem Katamaran STÖRTEBEKER www.hochseeangeln.com und www.reederei-fehmarn.de

Raddens Eis: Die älteste Eismanufaktur auf Fehmarn ist zu jeder Zeit an der langen Schlange vor dem Ausgabetresen zu erkennen. Das köstliche Softeis stellt die Familie Barnasch bereits in der dritten Generation her, es lohnt die Wartezeit allemal. Burg, Süderstr. 40, Richtung Burgstaaken

TERMINE

Osterfeuer: März/April, an verschiedenen Orten auf der Insel

Burger Kunsttage: Anfang Mai, Autorenlesungen, Konzerte, Ausstellungen im Freien oder im Senator-Thomsen-Haus

Rapsblütenfest in **Petersdorf:** drei Tage im Mai

Mercedes-Benz Surf-Festival: Mai/Juni in Burgtiefe, aktuelles Testmaterial in der größten Windsurf-Mitmach-Messe

Johannismarkt: Mitte Juni, traditioneller Jahrmarkt auf dem historischen Marktplatz von Burg

Midsummer Bulli-Festival, Burgtiefe: drei Tage um den 24. Juni herum am Südstrand mit bis zu 500 Teilnehmern

Hafenfest im Juli in Burgstaaken rund um den Hafen mit Fischkutter-Regatta: alle zwei Jahre im Wechsel mit dem **Stadtfest** in Burg

Schleswig-Holstein Musik Festival: Juli/August, verschiedene Veranstaltungen auf dem Johannis-Hof und in der St.-Nikolai-Kirche

Beachvolleyball – Techniker-Beach-Tour: in Burgtiefe Anfang August mit Abschlussparty am Strand

Mittelaltermarkt: Mitte August in Burg

Deutsche Meisterschaften im Speedsurfen in Orth August/September

Mercedes-Benz Kitesurf World Cup: Ende August in Burgtiefe

Oldtimertreffen: im September um den Burger Marktplatz herum; Autos, Traktoren, Motorräder zwischen 1930 und 1970

Drachenfestival: drei Tage Mitte Oktober, am Südstrand/Burgtiefe

Kreativmarkt »Herbstzeit«: in Altjellingsdorf Mitte Oktober, Kunsthandwerk und kulinarische Genüsse

Weihnachtsmarkt: Ende Nov.–Ende Dez. Marktplatz in Burg

AUSFLÜGE

GROSSENBRODE

Der familiäre Ort an der äußeren Spitze der Wagrischen Halbinsel strahlt eine gemütliche Atmosphäre aus. Schon zur Zeit der Wenden (Wagrier) war er als »Übergangsort« zur Insel Fehmarn bekannt. Der rege Fährverkehr erhielt 1905 mit der Eisenbahnfähre nach Burg auf Fehmarn weiteren Aufschwung. Damit war es 1963 nach dem Bau der Fehmarnsundbrücke allerdings vorbei. Die E 47 oder auch Vogelfluglinie nach Skandinavien führte nun an Großenbrode vorbei und verbannte es ins Abseits. Die Bewohner machten jedoch das Beste daraus und setzten auf ihre herrliche Ostseelage sowie die idyllische Umgebung. Die lang gezogene Ortschaft besitzt einen natürlichen Hafen mit sechs Schiffsanlegern und rund 1.000 Anlegestellen,

an denen Yachten neben einfachen Jollen festmachen. Es entstanden das Kurmittelhaus sowie die belebte Promenade mit Cafés und Geschäften, die sich auf der einen Seite bis zur Mole, auf der anderen bis zur Steilküste zieht. Nun durfte sich Großenbrode Ostseeheilbad nennen. Der überwiegend steinfreie Strand tut den Füßen wohl und ist daher auch für jüngere Kinder geeignet. Ein Gang auf die **Seebrücke** ist ein Muss, denn vom Meer, aus etwa 250 m Entfernung, überblickt man fast die gesamte Promenade und das Geschehen am Strand. Vor dem Strand tummeln sich Windsurfer und Kiter, für die das Revier um Großenbrode ideale Voraussetzungen bietet: Egal woher der Wind weht, um den Ort gibt es an drei Seiten einen flachen Zugang zur Ostsee, und der geschützte Binnensee verspricht auch den Anfängern ein perfektes Übungsfeld. In der **Wassersportschule** Großenbrode werden neben den Surfkursen auch Stand-up-Paddling-,

Unter anderem wird mit der Präsentation von Oldtimern die Freiluftsaison in Großenbrode auf der Mole und Promenade eröffnet. Bis in den Herbst hinein finden zahlreiche Feste, Märkte, Musik- und Sportveranstaltungen statt.

Cikat

Kurmittelcentrum

Jollen- und Katamarankurse angeboten sowie Bretter und Kajaks verliehen (www.sailaway-watersports.de). Bis 2020 soll eine noch schönere, neu konzipierte Promenade entstehen, die geschwungen durch Teile der Dünen geführt wird, um die Natur mit einzubeziehen. Es wird Aussichtsdecks, einen Aktionsstrand, eine Erlebnis-Seebrücke und eine ausgedehnte Geschäfts- und Gastronomiezeile geben. Ein kurzer Gang vom Strand in den Kurpark lohnt ebenfalls. Dort gönnt man sich im Schatten der Bäume eine kurze oder längere Auszeit und ein wenig Ruhe vom Trubel am Wasser. Viele Wanderwege führen vom Ort aus in die Umgebung.

AUF DEN SPUREN DER VERGANGENHEIT

Eine kleine Dorfrunde führt an zehn Pultschildern vorbei, die Hintergrundinformationen über die besonderen Standorte geben. Da ist u. a. die Doppeleiche als Symbol der Unteilbarkeit von Schleswig und Holstein, der Platz der ehemaligen Fährverbindung von Großenbrode nach Gedser/DK, das Transformatorenhaus, das den Bürgern 1905 das erste elektrische Licht bescherte, oder der Segelfliegerhorst, auf dessen Gelände inzwischen ein Naturlehrpfad entstanden ist.

Richtung Fehmarnsundbrücke versteckt sich zwischen den Knicks der **Kronsteinberg** mit dem jungsteinzeitlichen **Langbett Krausort**. Mit 97 m Länge zählt es zu den größten Hünengräbern des Landes (s. S. 93). Da es stark bewachsen ist, fällt als Erstes der mächtige Wächterstein an einer Ecke des Langbetts auf. Von dort hat man eine weite Fernsicht bis auf die Fehmarnsundbrücke.

NATURERLEBNISPFAD

Auf dem Gelände der Marineküstendienstschule entstand ein Erlebnispark. Man geht auf Naturentdeckungstour, kommt einigen ihrer Geheimnisse ganz nah und kann sich sogar an ihr messen: etwa beim Tierweitsprung, der Fühlbox oder dem Naturklassenzimmer. Mit allen Sinnen können über 20 Spiel- und Lernstationen erobert und auch ungewöhnliche Biotope wie ein Steinhaufen oder ein Totholzstapel erforscht werden. Interessant sind der Gesang der Singvögel nach dem Sonnenstand, das große Holzklangspiel und immer wieder die originellen Tierskulpturen aus Holz. Der Ausgangspunkt liegt an der Bushaltestelle »Am Kai«.

ST.-KATHARINEN-KIRCHE

Für einen Besuch der Kirche aus dem 13. Jh. quert man die Bahnschienen. Recht trutzig wirkt der Backsteinbau der Frühgotik mit den schmalen Spitzbogenfenstern und dem niedrigen, hölzernen Glockenturm aus dem 17./18. Jh. Das Innere beherrschen der **Altar** (1694), umrahmt von Engeln und Evangelisten, sowie die ebenfalls barocke **Kanzel** mit den fein geschnitzten und bunt bemalten Blütenranken. Das Taufbecken aus dem 19. Jh. wird kaum noch benutzt, seitdem der pausbäckige **Taufengel** des Oldenburgers Christian Götsche (1713) wieder »zum Leben erweckt« wurde. Bis zum Jahr 1800 hing der Engel im Altarraum, dann wurde er

»wegen seines nicht gerade erbaulichen Gesichts« nicht mehr für wert gehalten, der Taufe zu dienen. Er erinnert wirklich eher an einen Lausbuben als an einen würdevollen Taufbegleiter. Pausbäckig, rundlich knuddelig schwebt er in Begleitung einer Taube herein, eine vergoldete Schale in Blütenform in den ausgetreckten Händen. 1896 wurde er beim Aufräumen im Turm wiederentdeckt, restauriert und mit einer beweglichen Vorrichtung in den Altarraum gehängt. Seitdem erfreuen sich nicht nur die Kinder an seinem Anblick.

Offene Kirche Mitte Juni – Mitte Sept. Mi. 16 – 18 Uhr oder Schlüssel im Pastorat holen

TAUFENGEL: NOTWENDIG – VERSCHMÄHT – GELIEBT

Die unterschiedliche Ausstrahlung dieser »Taufgeräte« aus dem ausgehenden 17. bis 18. Jh. verzaubert den Betrachter noch heute. Engelstaufen sind vordergründig aus Platzmangel heraus geboren. Luthers Forderung nach unverstellter Sicht auf Altar, Kanzel und Taufe verbot eine zu enge Bestuhlung. Gleichzeitig fehlten immer mehr Stühle und Bänke, die eine wichtige Einnahmequelle für die Kirche waren. Die großen, platzeinnehmenden Taufsteine mussten dem Gestühl weichen. So schuf man bis kindsgroße Engelsgestalten, die eine Taufschale tragen und mittels Seilzugs bei Nichtgebrauch unter die Decke gezogen werden konnten.

Jedoch nicht allein die Enge im Kirchenraum ließ die Engel in die Kirchen einziehen. Es war gleichzeitig das Bedürfnis nach der bildlichen Veranschaulichung des Sakraments. Gegen Ende des 19. Jhs. verlor der Engel als Beschützer und Bote Gottes jedoch an Bedeutung, und das Problem des Platzmangels wurde u. a. durch Kirchenausbauten behoben. Zudem nahm man inzwischen Anstoß an der teilweisen Nacktheit der Figuren. Die hübschen Taufengel verschwanden auf Dachböden oder in Scheunen. Erst in heutiger Zeit holte man sie aus ihrer Verbannung hervor, teils als Dekorationsstück mit starrer Befestigung, teils erneut als Taufgerät, gleichberechtigt mit dem Taufstein eingesetzt.

INFO

Großenbrode Tourismus-Service
Teichstr. 12, Tel. 04367/997113,
www.grossenbrode.de

HEILIGENHAFEN

DAS »SONNENDECK DER OSTSEE«

Mit diesem Werbeslogan machte die Stadt schon früh auf sich aufmerksam. Bereits in den 1960er-Jahren war sie weit über Schleswig-Holstein hinaus bekannt als familienfreundlicher Ferienort mit kurzen Wegen zum Strand und äußerst abwechslungsreicher Umgebung. Der Badebetrieb begann zunächst auf dem Graswarder mit Badehäusern und einer Restauration, kurz darauf wurden die charakteristischen Strandvillen errichtet. Zunehmend verlagerte sich das Strandleben jedoch auf den Steinwarder (s. S. 116) mit dem wunderbar feinen Sandstrand. In den 1970er-Jahren konnte die Stadt den Ostsee-Ferienpark mit Kurmittelhaus, Freizeitzentren und Schwimmbad eröffnen, weshalb sie sich seit 1974 Ostseeheilbad nennen darf. Heute kann der Besucher an und auf dem Wasser viel unternehmen, sodass es auch in der Vor- und Nachsaison nie langweilig wird. Anfänger und Familien finden auf dem Binnensee und in den geschützten Buchten Surfreviere mit optimalen Bedingungen.

Die muntere kleine Stadt besticht durch ihre großen Gegensätze: In der Altstadt sowie am Kommunal- und Fischereihafen bleibt die Geschichte des einstigen Fischerorts lebendig, der heute gut 9.200 Einwohner zählt. Geschäfte, Fischbuden und am Kai vertäute Fischerboote prägen das Bild um das alte Hafenbecken herum. Noch immer läuft die eigene Fischereiflotte aus, und am

DELPHIN
HEILIGENHAFEN

Kai wird fangfrischer Fisch direkt vom Kutter angeboten. Am Kopf des Beckens sitzt man besonders schön im **Café »Möwenschiet«**, den Blick auf das Geschehen im Hafen gerichtet. Es gibt leckere Kleinigkeiten und guten Kuchen mit freundlichen Worten.

Tgl. 12 – 19 Uhr, außer mittwochs

Den »modernen« Kontrast dazu bilden der **Yachthafen** mit 1.000 Liegeplätzen und der größten Hochseeangelflotte Europas sowie der Ferienpark mit Kuranlagen und Freizeitzentren. Macht das gute Wetter mal eine Pause, bietet das **Aktiv-Hus** viel Abwechslung mit Sport- und Spielmöglichkeiten sowie Spa-Angebote und eine Saunalandschaft. Von den Kaianlagen eröffnet sich ein Panorama bis auf den Graswarder und den »Kleiderbügel« von Fehmarn.

STEINE FISCHEN?

Der recht einträgliche, jedoch auch sehr gefährliche Berufszweig der **Steinfischerei** wurde schon um 1800 herum im ganzen Ostseeraum betrieben. Zunächst ging diese »Fischerei« mit äußerst primitiven Mitteln vor sich: Die Männer holten Steine aus dem flachen Küstenbereich, die sie selbst heben und ins Boot hieven konnten. Als in der Flachzone alles »abgefischt« war, kamen Taucherschnüre zum Einsatz, die beim Abtauchen um die Steine gelegt und dann mit einer am Mast befestigten Drehwinde an Deck gezogen wurden. Die Nachfrage nach solchen Steinen stieg gegen Ende des 19. Jhs. stetig an, sodass das Steinfischen ins tiefere Wasser verlegt und mit Stock und Zange ausgeführt werden musste. Das bedeutete, dass nun mit dem Stock der Grund abgesucht, die eiserne Zange um den Stein geklammert und dieser dann heraufgezogen werden musste. Kurz vor dem Zweiten Weltkrieg drangen die Steintaucher in immer größere Tiefen vor, sodass sie die Steine auf dem Meeresgrund per Hand umzangen mussten (eine solche Zange kann man im Heimatmuseum sehen). Den Männern wurde dabei sehr viel abverlangt, denn allein die schweren Taucheranzüge mit den großen gläsernen Taucherglocken über dem Kopf zu tragen, war eine furchtbare Anstrengung, und damit mussten sie bis in bis zu 15/16 m Tiefe abtauchen. Auch die dicken Wollsachen, die unter dem Taucheranzug in mehreren Schichten übereinander getragen wurden, nützten nicht viel, da die »Fischer«

stundenlang unter Wasser standen. Bald genügten auch die kleinen Flachboote nicht mehr, sondern es waren hochwandige Steinkutter nötig. Die Bezahlung des »Fangs« erfolgte nach Tonnen.

Die Steine wurden am Kai abgeladen und direkt vor Ort von Steinschlägern behauen und anschließend wieder verschifft. Große Gerölle dienten dem Bau der Häfen (Puttgarden, Burgstaaken, Heiligenhafen sowie andere Molen und Häfen), etwas kleinere fanden Verwendung als Kopfsteinpflaster, auch etwa in Kiel, Lübeck und Dänemark. Besonders schöne Steine mit einer glatten Seite waren als Grabsteine gefragt. 1974 wurde diese schwere und gefährliche Arbeit endlich verboten. Eine Tafel am Nordkai des Fischereihafens berichtet davon, denn auch hier lagen einst Haufen gespaltener Steine, die die Steinfischer an Land gebracht hatten.

STADTZENTRUM UND MARKTPLATZ

Nur einen Katzensprung ist das Zentrum des gemütlichen Städtchens vom Hafen entfernt. Es wurde von dem Holsteiner Grafen Adolf IV. um 1255 planvoll angelegt und erhielt spätestens 1305 die Stadtrechte. Der Weg zum Marktplatz führt vorbei an Patrizierhäusern aus der Blütezeit des Seehandels, in der Heiligenhafen Hauptausfuhrhafen des Oldenburger Landes war. Den Platz beherrscht das **Rathaus**, ein roter Backsteinbau von 1882 mit der Bürgerglocke auf dem Dach, im Volksmund **Kökschenglocke** genannt (Köksche bedeutet »Köchin«). Die ursprüngliche Feuerglocke sollte im 19. Jh. auch die Sittlichkeit wahren und mahnte die Bediensteten kurz vor zehn Uhr abends zur Heimkehr, vor dem »Einschluss der Türen«. Auch heute läutet sie wieder um kurz vor 22 Uhr. Über der Eingangstür des Rathauses prangt die hölzerne Nachbildung der Schwanzflosse eines Wales. Heiligenhafener Fischer sollen diesen **Bütt** 1742 in der Ostsee gefangen haben. Auf der Tafel darunter liest man die 17. Strophe aus dem Wanderlied der Schuhmacher-

gesellen (um 1850), die dort den »Bütt« besangen. Auf dem Platz findet mittwochs und samstags von 8 bis 13 Uhr ein **Wochenmarkt** statt.

STADTKIRCHE

Die Stadtkirche thront weithin sichtbar mitten in der Stadt, von überall deutlich zu sehen. Der von Bäumen umgebene gotische Backsteinbau erinnert von Weitem ein wenig an einen Schiffsbug. Nach dem verheerenden Brand im Jahr 1390 wurde die Kirche als Stutzbasilika erneut aufgebaut. Der ansonsten modern gestaltete Altarraum birgt zwei Gruppen eines etwa 500 Jahre alten Chorgestühls mit geschnitztzten Heiligenstatuen. Darunter ist der hl. Nikolaus, dem die Kirche einmal geweiht war. Sehenswert sind ebenso die Schnitzfiguren von **Adam und Eva** (um 1500), die ihre Blöße mit Wappenschildern bedecken sowie der überlebensgroße **Christophorus** (16. Jh.), vermutlich aus der Werkstatt des Lübecker Meisters Klaus Berg. Die barocke **Taufe**, niederdeutsch »Fünte« genannt, fällt durch ihre filigranen Schnitzarbeiten und die leuchtenden Farben auf. Da das Taufwasser ein Jahr lang – von Ostern bis Ostern – im Becken belassen wurde, musste die Verarbeitung des Holzes bestimmten Kriterien entsprechen. Das konnte man nur dort, wo auch Holzschiffsbau betrieben wurde. Viel später setzte man eine silberne Schale für die Wasseraufnahme ein.

Drei Schiffsmodelle hängen tief in den Kirchenraum herab. Darunter ist die Fregatte SAMSON, die mit über 370 Jahren zu den ältesten Schiffsmodellen Deutschlands gehört. Das Modell steht in direktem Bezug zu dem Gestühl, über dem es hängt. In diesem **Schifferstuhl** durften nur die sogenannten Stohlbröders sitzen – Reeder, Kapitäne und höhere Steuerleute, die dafür das »Stohlgeld« bezahlten. Direkt vor dem Gestühl fällt ein schmiedeeiserner **Leuchter** auf, um den sich eine nette Geschichte rankt: Im 16. Jh. gab es zur »Verhütung der Leichtfertigkeit« eine Hochzeitsordnung, die es dem Brautpaar untersagte, mehr als 24 »Par Volkes« einzuladen, und die gebot, um Punkt 11 Uhr in der Kirche zu erscheinen, damit sich die Feierlichkeiten nicht bis in die Nacht hinein zogen. Im Jahr 1592 verspätete sich aber der Schmied Paul Horn bei seiner eigenen Hochzeit um ein paar Minuten

und musste deshalb ein Bußgeschenk abliefern. Öffnungszeiten 3. April – Mitte Okt., Mo. – Fr. 10.30 – 12 Uhr und 14 – 16.30 Uhr, im Winter nach Vereinbarung

HEIMATMUSEUM

Schräg hinter der Kirche fällt das Heimatmuseum durch sein verspieltes Türmchen auf. Zahlreiche Exponate führen in die Geschichte von Hafen und Stadt ein und veranschaulichen die Entwicklung von Handel, Fischerei und Badeleben. Viel zu entdecken gibt es etwa auf dem Stadtmodell von 1784/85. Ein besonderes Augenmerk wird auf die archäologischen Funde gelegt, die Bauer Carl Bütje auf seinem Feld auflas und fleißig dokumentierte. Die Abteilung Geologie widmet sich der Fossiliensammlung von Ernst Horn, die vom Heiligenhafener Hohen Ufer stammen. Thulboden 11 a, Tel. 04362/3876, April – Okt. Di. – Fr., So. 15 – 17 Uhr, 2 €, für *ostseecard*-Inhaber frei

DAS ZEITUNGSMÄDCHEN VON HEILIGENHAFEN

Die erste Ausgabe der Lokalzeitung **Heiligenhafener Post** erschien am 2. Januar 1884, initiiert durch den Buchdrucker und Journalisten Johann Eggers. Von da an, ununterbrochen bis 1941, konnten die Bürger sich über die wichtigsten Nachrichten bequem informieren. Im Krieg gab es eine Zwangspause, danach wurde sie bis 1992 wieder im Hause Eggers gedruckt. Dann kam es zum Anschluss an den Burg-Verlag, der auch das Fehmarnsche Tageblatt herausbringt. Der Werdegang der Zeitung ist das Thema der Erzählung »Das Zeitungsmädchen von Heiligenhafen« von Emmy Kraetke-Rumpf (1984). Ein interessantes und nettes Buch über die regionale Geschichte. Längst gibt es die Heiligenhafener Post wieder. Sie gehört zu den kleinsten Tageszeitungen Deutschlands, die aktuell über das lokale Geschehen berichtet.

HIER GEBOREN ODER ZU BESUCH

Drei Künstler sind eng mit Heiligenhafen verbunden: Der Lyriker und Erzähler **Wilhelm Jensen** erblickte 1837 hier das Licht der Welt. Von seinen über 150 Werken, die oft die Beziehung zwischen Mann und Frau zum Thema haben, spielt jedoch nur eines in seiner Geburtsstadt – »Mettengespinst«. Es ist zu Zeiten des Dreißigjährigen Krieges angesiedelt. Der Dichter wuchs in Kiel auf und wohnte am Ende seines Lebens bis zu seinem Tod 1911 in Oberbayern. Die Sehnsucht nach Norddeutschland ließ ihn jedoch nie los: »Noch einmal möchte ich über grüne Felder … die blaue See in Sonnenweite seh'n.«

Theodor Storm (1817–1888) wohnte gegen Ende seines Lebens zeitweise im Haus seiner Tochter Lisbeth in Heiligenhafen und schrieb dort 1881 die Novelle »Hans und Heinz Kirch«. Ihr liegt eine tragische Begebenheit aus Heiligenhafen zugrunde, nämlich wie es dazu kam, dass der Schiffer Brandt seinen eigenen Sohn verstoßen hat. Gleich zu Anfang der Novelle beschreibt er sehr treffend den Warder, »von wo aus im Frühling unablässiges Geschrei der Strand- und Wasservögel nach der Stadt herübertönt«.

Der dritte Prominente ist der Maler **Lyonel Feininger** (1871–1956). Er besuchte Heiligenhafen im Jahr 1921 und skizzierte während seines Aufenthalts die Bilder »Das Hohe Ufer« und »Kleine Hafenstadt«.

Ein »Künstler« ganz anderer Art ist Kapitän **Hinrich Nissen** (1862–1943), der eines der bedeutendsten Schiffe zu »dirigieren« wusste. Er wurde 1862 in der Brückstraße in Heiligenhafen geboren und fuhr das größte Segelschiff der Welt, das Fünfmastvollschiff PREUSSEN. Es gehörte zu den berühmtem Flying-P-Liners der Hamburger Reederei Laeisz. Den

Namen P-Liner bekamen sie von der Ehefrau des Carl Laeisz, die aufgrund ihrer Locken den Spitznamen »Pudel« trug. Nach dem wurde die erste Bark getauft (1857), danach bekam die ganze Flotte einen Namen mit dem Anfangsbuchstaben P. Hinrich Nissen fuhr als Steuermann und schließlich als schnellster Windjammerkapitän seiner Zeit auf mehreren P-Linern, bis er 1909 Kapitän des einzigen Fünfmastvollschiffs PREUSSEN wurde. Bereits ein Jahr später bei seiner dritten Fahrt auf dem Fünfmaster versank das Schiff jedoch, da es von dem Postdampfer BRIGHTON im Nebel im englischen Kanal gerammt wurde. Ein Sturm verhinderte das Abschleppen in den Hafen, sodass es vor Dover auf Grund gesetzt werden musste. Die gesamte Besatzung konnte zum Glück gerettet werden. Das Heimatmuseum informiert über den Kapitän und sein Schiff.

DIE NATUR MODELLIERT

Die quer zur Stadt vorgelagerte Landzunge **Steinwarder** und die hakenartigen Strandwälle von **Graswarder** verdanken ihre Entstehung den Mechanismen einer sogenannten Ausgleichsküste. Durch vorherrschende Strömungsrichtungen werden an den Steilkliffen Sand und Gesteinsmaterial abgetragen und an den flachen Stränden wieder abgelagert. In diesem Fall stammt das Material vom Hohen Ufer im Westen, das durch die küstenparallele Strömung fortwährend abgetragen wird. Der Strand von Stein- und Graswarder wird auf diese Weise stetig verlängert, bis heute um zwei bis drei Meter pro Jahr. Durch eine zeitlich nicht genau datierte Sturmflut wurden die beiden Warder zunächst wieder getrennt, Graswarder wuchs als eigenständige Insel weiter, bis sie im Jahr 1958 erneut zu einer Halbinsel zusammenwuchsen. Bei dieser Sandbewegung entstand der Binnensee, eine große Lagune mit Verbindung

zur Ostsee (s. S. 121) und somit gleichzeitig ein natürlicher Hafen. Einst lag er direkt am Fuß der Kirche und verhalf der Stadt zu einiger Bedeutung. Im 14. Jh. war hier der Hauptausfuhrhafen für die ganze Region. Handelsgüter waren vor allem Butter, Bier, Keramik und Getreide. Der **alte Salzspeicher** (heute ein Restaurant), ein schönes Fachwerkhaus von 1587, bezeugt diesen ehemaligen Wohlstand. Nach dem Eisenbahnanschluss 1898 verlor der Hafen an Bedeutung. Neben der Landwirtschaft, dem Handwerk und der Fischerei bildete sich als neuer Erwerbszweig der Badebetrieb, der von der stetigen Verlängerung des Sandstrandes profitiert.

SPORT STEHT AN ERSTER STELLE

Am langen Strand von **Steinwarder** zieht sich die Strandpromenade am Deich entlang. Der Sand ist hier äußerst feinkörnig und geht angenehm flach ins Wasser über. An der breitesten Stelle schiebt sich die **Erlebnis-Seebrücke** wie ein nicht ganz ausgefahrener Zollstock auf die Ostsee hinaus. Auf 400 m Länge und in 9 m Höhe laden unterschiedliche Bereiche zum Sitzen, Sonnenbaden und Spielen ein – am Laufrad, in der Kletterröhre oder bei den Wasserspielen. Es gibt ein Badedeck sowie verglaste Abschnitte

als Wetterschutz, und am Brückengeländer informieren Schilder über die Seebadeanstalt Heiligenhafen »Einst und Jetzt«. Nach Sonnenuntergang zaubert die indirekte Beleuchtung eine besondere Atmosphäre. Der Ausblick auf die Ostsee und den Graswarder ist allemal unvergleichlich. Wie fragil der Strand jedoch an dieser Stelle sein kann, zeigte sich bei dem kurzen, aber heftigen Sturmtief Anfang Januar 2019, als große Teile des Strandes unterhalb der Strandvillen von Graswarder weggerissen wurden.
Für die Wassersportler sind einzelne Bereiche an der Küstenlinie abgesteckt, damit die Schwimmer ungefährdet bleiben. Es stehen Segel-, Surf- und Katamarankurse im Angebot. Auch für Angler ist die Ostsee an dieser Stelle ein beliebtes Revier. Die Dorschbestände in der Ostsee erholen sich ganz langsam wieder, nachdem sie in den vergangenen Jahren deutlich zurückgegangen waren. Mit dem

»Bag limit« muss jeder Freizeitangler jedoch eine Fangbegrenzung einhalten. 2018 war sie beschränkt auf täglich fünf Tiere. Das **Aktiv-Hus** bietet Abwechslung bei jedem Wetter mit Wellness, Spiel- und Sportarena mit Kletterwand sowie einzelnen Geschäften und Gastronomie. https://aktiv-hus.de

GRASWARDER – SEEVOGELSCHUTZGEBIET

In dem einzigartigen Schutzgebiet gibt es das ganze Jahr über etwas zu sehen und zu hören. Schon im Februar kommen die Brandgänse und die Austernfischer, im März hört man das vielstimmige Geschrei der Sturmmöwen, im April schlüpfen die ersten Graugänse, und als Letztes folgen die zierlichen Sandregenpfeifer mit ihrer dritten Brut; insgesamt brüten dort mehr als 40 verschiedene Vogelarten. Von August bis Oktober ist der Graswarder Rastplatz für Tausende von Zugvögeln.

Selbst im Winter trifft man dort viele unterschiedliche Vögel an, etwa Rallen, verschiedene Entenarten oder Singschwäne. Auf der Strandwall- und Dünenlandschaft haben sich außerdem Strandflieder, Grasnelke, Salzmiere oder der Bittersüße Nachtschatten angesiedelt, und bis in den Herbst blühen etwa Strandnelke oder Stranddistel. Vom recht eigenwilligen Beobachtungsturm am Ende der idyllischen Postkarten-Häuserreihe mit den 18 historischen Strandvillen hat man die beste Sicht auf den beeindruckenden Nehrungshaken. Im NABU-Naturzentrum beantwortet ein Mitarbeiter gerne weitere Fragen, und man erhält zusätzliches Infomaterial. Auf der Bank vor der Naturschutzhütte oder am Strand hinter den Häuschen kann man herrlich die Seele baumeln lassen. Kostenlose Führungen mit Turmbesteigung ab dem Naturschutzhaus, Ostern – Okt. 10.30 und 15 Uhr

BINNENSEE

Es lohnt ein Spaziergang (insgesamt 5 km) um den Binnensee herum mit der neu gestalteten Südpromenade. Sie erstreckt sich auf etwa 2 km Länge von der Yachthafenpromenade bis zum Ferienpark. Das Besondere ist, dass der Fuß- und der Fahrradweg getrennt parallel verlaufen. Das gestaltet einen Spaziergang deutlich ruhiger. Holzstege und Decks erleichtern den Zugang zum Wasser. Spielplätze und Ruhebänke sowie Liegen unter Bäumen bieten Pausenstopps an. Einen Halt und genaues Hinsehen fordert auch die Skulptur des **Njörd**. Hans-Joachim Piegenschke schuf den germanischen Wind- und Meeresgott, den Schutzgott der Seefahrer und Fischer aus einem einzigen Eichenstamm. Der oft lächelnd dargestellte nordische Gott verkörpert den Gegenpol zum jähzornigen Meeresgott Aegir. Er verheißt ruhige See und schönes Wetter, und meist begleitet ihn sein Lieblingstier, der Schwan.

FISCHER STÜBEN – INBEGRIFF EINES OSTSEEFISCHERS

Zu Beginn des Rundwegs zieht die lebensgroße Bronzefigur des Fischers Friedrich Gottlieb Stüben von Ladislav Hlina (2005) die Aufmerksamkeit auf sich. Wer war dieser so einprägsam dargestellte Fischer?

Mit gerade 26 Jahren tat Stüben (1838–1920) sich mit anderen Fischern aus Heiligenhafen und Großenbrode zusammen. In acht oder neun Booten setzten sie preußische Truppen, unbemerkt von den im Sund liegenden Kriegsschiffen der Dänen, auf die von Dänemark okkupierte Insel Fehmarn über. Dort gelang es den Soldaten, die feindliche Besatzungsmacht zu überrumpeln und die Insel zurückzuerobern. In Anerkennung an seine selbstlose Tat bekam Stüben während der 40-Jahres-Feier der Befreiung ein Pferd geschenkt. So konnte er seinen Beruf als Fuhrmann und Fischhändler auch in höherem Alter weiterhin ausüben. Diesem Pferd gab er den treffenden Namen »Fehmarn«. Hoch angesehen starb Stüben mit 82 Jahren in seiner Heimatstadt Heiligenhafen. Durch sein markantes Aussehen mit dem charakteristischen Südwester auf dem Kopf und einer Öljacke bekleidet, wurde er zum Inbegriff eines Ostseefischers. Gegen Abend, wenn es dunkel wird, wird der Fischer wieder lebendig. Klaus Nehring schlüpft in dessen Kleidung und erzählt den Gästen bei seiner **Nachtwanderung** allerlei Lustiges und Schauriges über Heiligenhafen in früheren Zeiten.

AN DER STEILKÜSTE – FUNDE AUS DER VERGANGENHEIT

Ein Wanderweg vom Ferienpark an die Steilküste ist nicht nur sehr erfrischend, sondern auch äußerst interessant. Man findet beim Laufen entlang der Wasserkante viele Gesteine jeglicher Entstehung, Fossilien wie Donnerkeile oder versteinerte Seeigel und manchmal sogar Bernstein. Allerdings bricht an dieser Stelle das Steilufer immer weiter ab und wird von Wind und Wellen forttransportiert. So führt der Weg bis zum weißen Betonturm mit roter Laterne, dem Leuchtfeuer von 1986, manchmal durch das flache Wasser, oder man muss über große Steinblöcke klettern. Zum Beispiel ist die Fangmauer eines ehemaligen Wehrmachtsschießstandes fast vollständig an den

INFO

Heiligenhafen-Touristik
Bergstr. 43, Tel. 04362/90720
www.heiligenhafen-touristik.de

OstseeSpitzen Radwanderkarte mit vielen Tipps und Tourenvorschlägen für 2,50 €

Strand heruntergebrochen. Dennoch ist das Ufer einfach wunderschön und ein Paradies für Sammler und Naturfreunde. In der Zeit vom Frühjahr bis in den Sommer muss man seine Schritte vorsichtig setzen. Dann nämlich brütet zweimal der kleine Sandregenpfeifer zwischen den Gesteinen. Durch seinen braunen Rücken und das schwarze Halsband ist er unter den Geröllen kaum zu sehen. An seinem hohen Pfeifen hört man ihn allerdings schon von Weitem. Da es nur etwa 1.000 Brutpaare in Deutschland gibt, ist er zum Seevogel des Jahres 2018 gekürt worden.

STUMM WIE EIN FISCH?

Südlich von Fehmarn – in Klausdorf – fällt schon von Weitem der hohe Sendeturm neben der **Ostsee Erlebniswelt Heiligenhafen** auf. Über eine Außentreppe oder mit dem Aufzug geht es in den 7. Stock. Vor der Aussichtsplattform öffnet sich die naturschöne Umgebung bis hin zur Ostsee. Die Ausstellungsräume befinden sich im Haus nebenan. Zur Eintrittskarte gehört ein Fragebogen, dessen Beantwortung nicht nur Kinder herausfordert. Man muss beim Rundgang durch die Ausstellung recht aufmerksam sein und manche Wege zweimal gehen, dann sind die Fragen leicht zu beantworten. In den Ostseeaquarien entdeckt man die Tierwelt »vor der Haustür« und erfährt, dass sie abhängig ist vom Salzgehalt des Wassers. Daher gibt es z. B. östlich von Rügen keine Seesterne mehr. Es tummeln sich nicht nur Rochen, kleine Haie, Dorsch oder Meerforelle, sondern auch Seepferdchen, Seesterne und

Der Plattfisch besitzt die Fähigkeit, sich seinem Untergrund anzupassen.

Der Dorsch ist ein in der Ostsee vorkommender Speisefisch.

Krustentiere. In einem offenen Becken schwimmen u. a. Plattfische wie Steinbutt, Flunder und Scholle – auch zum Anfassen. Das Faszinierende ist, dass diese Fische sich dem Untergrund anpassen, den sie mit den Augen wahrnehmen, also auch einem Schachbrett!

Geben Fische wirklich Töne von sich? Ja, und zwar sehr unterschiedliche: Sie grunzen, trommeln, knurren oder »furzen«. Diese Laute dienen zur Kommunikation untereinander, vor allem bei der Balz oder zur Verteidigung des eigenen Reviers.

In der Geologie-Abteilung geht es u. a. um die Entstehung der Ostsee, die Steine und Fossilien, die man am Strand findet, und natürlich den Bernstein. Die Ausstellung über Fischerei beschäftigt sich mit nachhaltigen Fangmethoden und den Gefahren der Überfischung. Man kann sich an der Herstellung unterschiedlicher Knoten probieren und lernt den schweren Alltag der Fischer kennen. Auf der Aussichtsterrasse lässt es sich gut sitzen und den fantastischen Rundblick auf Großenbrode, Fehmarn und Heiligenhafen genießen. Angeschlossen ist ein SB-Café, bei dem auf Vertrauen gesetzt wird. Das Geld für die Speisen wird in eine Box gesteckt. Bäderstr. 6a, am Turm, Info-Tel. 04371/4416, März–Okt. 10–18 Uhr, 7 €/10 €, Kombiticket zusammen mit dem Meereszentrum Fehmarn 12 €/18 €

OLDENBURG – STADT DER WAGRIER

Wenige Fußminuten vom heutigen Stadtzentrum entfernt, sind die Reste der **Slawische Ringwallanlage** frei zugänglich. Sie beeindruckt allein durch ihre Ausmaße von 250 m Länge und 150 m Breite und die Lage auf einer hohen Moränenkuppe. Eine bessere Vorstellung von der ältesten städtischen Siedlung Norddeutschlands bekommt man, wenn man zunächst das Wallmuseum besucht.

Die Seestadt der Wagrier lag im Oldenburger Grabensystem, einem alten Meeressund, der die Hohwachter mit der Lübecker Bucht verband. Diese Niederung war von Wasserläufen durchzogen, die auch die großen Seen, Wesseker, Dannauer, Gruber und Dahmer See (die beiden letzten Seen wurden 1930 trockengelegt) miteinander verband. So konnten die Siedler mit ihren flachgehenden Schiffen regen Seehandel treiben.

Zwischen 650 und 680 bauten zunächst die Germanen im Westteil der Anlage eine Wehrburg, die später von den Slawen vergrößert und von einem bis zu 18 m hohen Ringwall geschützt wurde. Da der Name Wagrier germanischen Ursprungs (*vagr* = Bucht) ist und trotzdem beibehalten wurde, wird angenommen, dass die Stämme friedlich miteinander lebten. In der Mitte des 8. Jhs. dehnten die immer mächtiger gewordenen Wagrierfürsten ihre Burganlage nach Osten hin um das Doppelte aus, sodass sie zur größten slawischen Wehranlage im westlichen Ostseeraum aufstieg. Die topografischen Vorteile der Lage sowie die kluge Politik der Fürsten machten die damals unter dem Namen »Starigard« (alte Burg) weithin bekannte Stadt zum politischen sowie kulturellen Mittelpunkt Wagriens. Dadurch wurde sie auch

für andere Volksstämme immer interessanter, musste sich gegen die Kolonisierung wehren und wurde zum Zentrum der Aufstände, als das Bistum Oldenburg zu missionieren begann. Doch selbst der Bau einer Mutterkirche im Ostteil der Wallanlage half nicht, die Bischöfe mussten die Missionierung abbrechen. Nach dem großen Slawenaufstand 983 verloren sie ihren Bischofssitz und konnten ihn, unterbrochen von einer kurzen Periode (1043–1066), auch nicht mehr betreten.
Im Jahr 1149 zerstörte ein Angriff der Dänen große Bereiche der Burg, die danach nie wieder aufgebaut wurde. Die Zeit der Wagrierfürsten war zu Ende gegangen.
Am Fuß der Wallanlage entstand unter Bischof Gerold die Nachfolgestadt Oldenburg, die noch einmal bis 1160 Bischofssitz war, der dann nach Lübeck verlegt wurde. Bei einem Spaziergang auf der Wallkrone hat man einen guten Überblick über die umgebende Auenlandschaft.

OLDENBURGER WALLMUSEUM – DIE WELT DER SLAWEN

Der Weg der Schwäne führt von der Stadt zum Museum. Oldenburger Grundschüler haben ihn auf das Pflaster gestempelt, da der Schwan einen Spielstein symbolisiert, der als Beigabe in einem mittelalterlichen Grab gefunden wurde. Der zentrale Museumsbereich erinnert mit den historischen Reetdachscheunen, dem Backhaus, das regelmäßig befeuert wird, und dem modernen Mittelbau (heute Gildemuseum und Restaurant »Refektorium«) an ein Ostholsteiner Gut. In zwei der Scheunen taucht man ein in den originalgetreu rekonstruierten und begehbaren Arbeits- und Lebensbereich einer westslawischen Stadt des frühen Mittelalters. Man begreift sofort,

dass der Schmied einer der wichtigsten und angesehensten Handwerker war, da er die unverzichtbaren Waffen und Werkzeuge lieferte. Vom Reichtum am Fürstenhof zeugt der prächtige Glasschmuck, der in den Gräbern gefunden wurde. Vorgestellt werden die Baugeschichte der Wallanlage, das Leben am Fürstenhof sowie Christianisierung und heidnischer Glaube, verdeutlicht durch das Inselheiligtum. Man lernt die verschiedenen, Handwerksberufe kennen und kann anhand der Handelsrouten nachvollziehen mit wem und womit die Händler Geschäfte machten.

Fast noch spannender wird es im **Freilichtgelände:** Ein Spazierweg führt in etwa einer Stunde um den Wallsee herum. Dort tauchen die Besucher hautnah in das Mittelalter ein. Es geht zu einem rekonstruierten Fürstenhof mit einer Handwerkersiedlung von u. a. Töpfern, Färbern, Lederhandwerkern, Webern, einer Spinnerei und einer Schmiede. Man erhält einen nachhaltigen Eindruck, wie sich der Alltag der Wagrier gestaltet hat. Für die einzelnen Häuser sind Paten verantwortlich, die das jeweilige Handwerk im Haus sichtbar machen und es zu bestimmten Veranstaltungen dort ausüben. Dann wird die Welt der Slawen mit ihren Gemüse- und Kräutergärten, den frisch behauenen Einbäumen sowie dem wichtigen Inselheiligtum wieder lebendig. Die Paten sind oft vor Ort. Wie in jedem Eigenheim muss immer wieder etwas ausgebessert oder angebaut werden. So verändert sich die Siedlung stetig und entwickelt sich weiter. In der Hafensiedlung schließlich ankert der beeindruckende, originalgetreue Nachbau eines slawischen Handelsschiffs, die STARIGARD. Ihre Fahrtüchtigkeit bewies sie

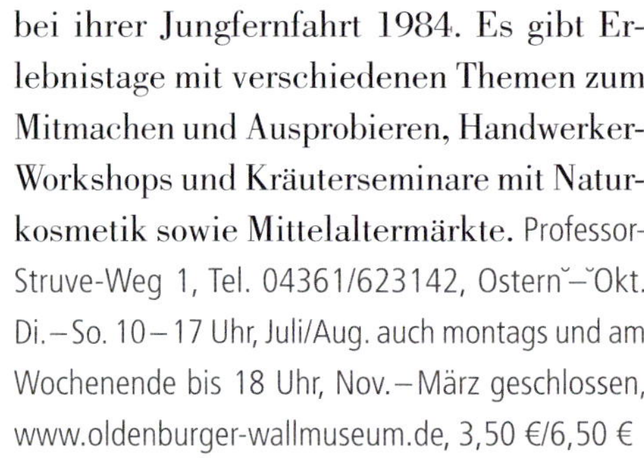

bei ihrer Jungfernfahrt 1984. Es gibt Erlebnistage mit verschiedenen Themen zum Mitmachen und Ausprobieren, Handwerker-Workshops und Kräuterseminare mit Naturkosmetik sowie Mittelaltermärkte. Professor-Struve-Weg 1, Tel. 04361/623142, Ostern–Okt. Di.–So. 10–17 Uhr, Juli/Aug. auch montags und am Wochenende bis 18 Uhr, Nov.–März geschlossen, www.oldenburger-wallmuseum.de, 3,50 €/6,50 €

DIE WAHRSCHEINLICH ÄLTESTE GILDE DEUTSCHLANDS

Im **Gildemuseum** im Obergeschoss des Restaurants wird die Geschichte der St. Johannis Toten- und Schützengilde von 1192 eindrücklich dokumentiert. Sie wurde im Laufe der Jahrhunderte als Brand-, Sterbe, und Notgemeinschaft oft in Anspruch genommen, etwa bei Begräbnissen, bei Bränden oder auch bei schweren Krankheiten und Epidemien. Die Gildemitglieder hielten aber nicht nur in schweren, sondern auch in glücklichen Stunden zusammen.

INFO

Tourismus-Service
Göhler Str. 56, Tel. 04361/5083913, www.ostsee-schleswig-holstein.de/oldenburg

Ihre Versammlungen wurden stets mit einem fröhlichen Fest abgeschlossen. Das Schießen nach dem Vogel ist seit 1408 belegt und war nicht nur den Gildebrüdern vorbehalten. 1566 wurde eine besondere Abteilung der Gilde, die »Schützenbrüder«, ins Leben gerufen. Sie trafen sich um Johanni (4. Juni) herum, um auf den »Sächsischen Vogel« zu schießen und einen König zu ermitteln.

Das Schießen auf diesen auch »Papagoy« oder »Goyen« genannten Holzvogel ist ein uralter heidnischer Brauch, den die Kirche zunächst zu vereiteln suchte. In der zweiten Hälfte des 12. Jhs. kamen durch die Kreuzzüge jedoch auch Papageien nach Europa. Ihre Buntheit entsprach der damaligen Mode. Und da der Papagei als unheiliger Vogel angesehen wurde, hatte die Kirche nichts mehr gegen das Schießen auf diesen Vogel einzuwenden. Ein farbenprächtiger, dreidimensional ausgearbeiteter Papagoy ist im Museum zu bestaunen.

Der eigentliche Sinn der Gilde hat sich nur wenig geändert. Die Mitglieder versprechen gegenseitige Unterstützung, Hilfe für Hinterbliebene sowie Pflege und Wahrung der plattdeutschen Sprache und des alten Brauchtums. April–Okt., Di.–So. 10–17 Uhr, Juli/Aug. auch montags und am Wochenende bis 18 Uhr, Nov.–März geschlossen, Eintritt frei

Der **Rosengarten** neben dem Gildemuseum lädt zur Entspannung und »Nasenfreude« ein. Der Oldenburger Rosenfreund Herbert Mau und seine Frau Irene legten ihn vor über 30 Jahren mit vielen alten, seltenen und wunderbar duftenden Rosensorten an. Darunter findet man die Apothekerrose von 1310 und sogar eine grünblühende Rose aus der Gruppe der Chinarosen. Seine volle Blütenpracht entfaltet der Rosengarten im Juni/Juli.

MARKTPLATZ

Zentrum der heutigen Stadt, die 1235 Stadtrecht erhielt, ist der geschäftige Marktplatz nur ein paar Gehminuten von der Wallanlage entfernt. Cafés und Restaurants bestimmen die Atmosphäre, ebenso der **Wochenmarkt**, der mittwochs und samstags

vormittags stattfindet. Leider wurden die meisten mittelalterlichen Gebäude Opfer des verheerenden Brandes im Jahr 1773. Das neogotische Rathaus mit hölzerner Laterne stammt aus dem Jahr 1834. Dessen Turmglockenspiel lässt zwischen 8 und 20 Uhr alle zwei Stunden wechselnde Melodien erklingen. Außerhalb der Marktzeit wird der Platz leider zum Parken genutzt. Es lohnt sich daher, in den Seitenstraßen, etwa der Schulstraße, zu bummeln. Dort findet man hübsche Fachwerkhäuser aus dem 18. Jh. und viel Atmosphäre.

ST.-JOHANNIS-KIRCHE

Durch eine der alten Gassen, die vom Markt abzweigen, gelangt man zur St.-Johannis-Kirche. Die barocke Haube des Glockenturms weist den Weg zu einem Ort der Ruhe. 1156 an der Stelle einer hölzernen Missionskapelle des Vicelin auf Geheiß Bischof Gerolds erbaut, gilt die Kirche als erster reiner Backsteinbau Ostholsteins. Das aufwendige Westportal stammt vom Anfang des 13. Jhs. Nach dem großen Brand im August 1773, der den Kirchturm und rund 400 Häuser zerstörte, verlor die Kirche ihre wertvolle Inneneinrichtung, nur die Mauern blieben stehen. **Kanzel** und **Altar** (1778) gestaltete zunächst der Däne Nike Hollm. Nach dessen Tod wurde die Kanzel jedoch durch die Eutiner Werkstatt des Hofbildhauers Johann Georg Moser fertiggestellt. Während der Altar recht pompös ausgestattet ist, zeichnet sich die Kanzel durch zarte Farben aus, geschmückt mit Blattwerk und zierlichen Rahmen. Ein hübsch restaurierter **Taufengel** hängt in der Kirche, der gerne für Taufhandlungen heruntergelassen wird. Er stammt wahrscheinlich aus der Lübecker Werkstatt Elmeroth und könnte noch vor dem Brand gefertigt worden sein. Der ganz in weiß gehaltene Engel schwebt mit ausgestreckten Armen elegant vom Himmel herab. Nur die Flügel leuchten in Gold und der Lorbeerkranz, in den bei der Taufe die silberne Schale eingelegt wird. Im nördlichen Seitenschiff hängt das Bild »Das Mahl beim Kardinal Pamphilio«, dem späteren Papst Innozenz X. (1644–1655) von Johann Liss (s. S. 136). Am 1. Adventssonntag 2018 konnte die neue **Eule-Orgel** eingeweiht werden. Mit 1.900 Orgelpfeifen und 29 Registern kann sie ihren vollen Klang entwickeln. Die Bautzener Orgelbauer haben sich eine hübsche Überraschung ausgedacht. Wenn ein bestimmtes Register gezogen wird, erscheint oben rechts am Orgelprospekt eine kleine hölzerne Eule.

Auf dem Kirchengelände gibt es einen interessanten **Biblischen Pflanzengarten**. Neben den Pflanzen, die in der Bibel erwähnt werden, sind Heil- und Gewürzpflanzen sowie einheimische Wildpflanzen angelegt. Bei dem Garten wurde in erster Linie auf die »inneren Werte« der Pflanzen geachtet: auf die Bedeutung für die Religions- und

Kulturgeschichte, die chemischen Inhaltsstoffe und den Nutzen für die Gesundheit sowie die unterschätzte Rolle im Haushalt der Natur. Ostern–Okt. tgl. 10–17 Uhr

BERÜHMTER SOHN DER STADT

Der Maler **Johann Liss** wurde um 1597 in Oldenburg geboren. Beide Eltern waren Maler, zumeist Wappenmaler im Dienst des Gottorfer Hofes. So war der kleine Johann schon früh mit der Maltechnik vertraut und ging als knapp 18-Jähriger unter dem Namen Jan Lys in die Niederlande, um seine Malkunst zu perfektionieren. Anschließend zog es ihn nach Rom und Venedig. Dort schuf er die lebensgroße Darstellung des »Heiligen Hieronymus umgeben von Engeln« (1627), die als Altarbild noch heute in der Kirche San Nicola da Tolentino zu bewundern ist. Als in Venedig die Pest ausbrach, war dies auch für den jungen Künstler fatal. Trotz seiner Flucht vor der tödlichen Krankheit nach Verona starb er dort an deren Folgen im Jahr 1631 mit kaum 34 Jahren. Lange nach seinem Tod bekam er die vermisste Anerkennung. Heute gilt er als bedeutender Barockmaler, dessen religiöse Werke und Szenen aus dem bäuerlichen Leben in berühmten Museen zu sehen sind, etwa in Berlin, Bremen, Köln, München, Moskau, Rom, Florenz und Venedig. Eines seiner Bilder ist auch in seiner Heimatstadt, in der St.-Johannis-Kirche, zu sehen.